Mit einem Reh kommt Ilka ins Merkur

Mit einem Reh kommt Ilka ins Merkur

Leipziger Gedichte

Herausgegeben von Frauke Hampel und Peter Hinke
Illustriert von Thomas M. Müller
Mit einem Essay von Andreas Reimann

Connewitzer Verlagsbuchhandlung Peter Hinke

Dieses Buch wurde mit dem 1. Preis der Stiftung Buchkunst im Wettbewerb „Die schönsten deutschen Bücher 2005“ ausgezeichnet.

2. Auflage 2006

Specks Hof, Schuhmachergäßchen 4, 04109 Leipzig
E-Mail: info@cvb.de
www.cvb.de

Gestaltung: André Göhlich
Druck: PögeDruck, Leipzig
Bindung: Kunst- und Verlagsbuchbinderei, Leipzig
ISBN-10: 3-937799-07-9
ISBN-13: 978-3-937799-07-0

INHALT

VORWORT

„Während ich ein Gedicht auf ein Stück Papier kritzelte, rief mir sehr unmelodisch der Besitzer eines Schrebergartens zu (die Pleiße trennte uns), daß man mich schon lange beobachte, wie ich mir immer Notizen mache, wo und was auf den Beeten und an den Obstbäumen wachse, damit ich dann nachts in den Gärten um so zielsicherer einbrechen könne, um Früchte und Gemüse zu klauen. Es bedurfte eines längeren Gesprächs, immer über die Pleiße hinweg, um dem Mann klarzumachen, daß es mir um die Poesie ginge. Ich mußte das laut schreien. Und in der Tat beruhigte sich der Mann, begann sich plötzlich für Poesie zu interessieren und lud mich sogar ein."

Leipzig, die den Musen bittere wie offene Stadt, nicht nur dem Dichter Georg Maurer zeigte sie sich von diesen zwei Seiten. Zahlreiche Dichter und Denker zog es vor und nach ihm in die Messe- und Musik-, Universitäts- und Buchstadt, und vielfältig sind die Eindrücke, welche die Schriftsteller von ihr und ihren Bewohnern festgehalten haben. Das äußere Gesicht der Stadt wandelte sich stetig, nicht nur durch die Bombennächte des zweiten Weltkriegs, auch Sozialismus und Marktwirtschaft hinterließen ihre Spuren. Manches ist geblieben, vieles wurde neu geschaffen, und wer heute kommt, sieht mehr denn je eine sympathische, neugierig machende Stadt, die keinesfalls perfekt, aber immer in Bewegung und Veränderung begriffen ist. Leipzig, gezeichnet von Baustellen, von Zerstörung und Wiederaufbau, geprägt von Bürgersinn, wurde nicht zufällig zum Ort der friedlichen Revolution. Die Stadt lädt ein zum Anecken und Ankommen, läßt viele bleiben und veranlaßt andere zum Wiederkommen.

Über ein Jahrhundert Leben und Schreiben in Leipzig, von 1900 bis zur Gegenwart, versammelt der vorliegende Band. Er ist ein Mosaik aus Gedichten, in denen sichtbar wird, was in der Pleißestadt aus dem Blickwinkel der Poeten gesehen wurde und in lyrischer Form festgehalten werden konnte – öffentliche und private Räume, Lebensgefühl und Zeitstimmung. Geschrieben wird von Gohlis bis Connewitz, vom Völkerschlachtdenkmal bis zum Uniriesen, von Lipsi bis Punk, vom Café Merkur bis zur Kuchenaromafabrik, vom ersten Flug über Leipzig bis zum Treppewischen mit Bob Dylan.

Die Gedichte sind chronologisch geordnet, wobei das genaue Entstehungsdatum einzelner Werke nicht immer zu ermitteln war. Der Überschaubarkeit halber sind sie in Kapiteln zusammengefaßt, die durch die politischen Zäsuren – den ersten Weltkrieg, das Ende der Weimarer Republik, die Zeit nach dem zweiten Weltkrieg, Mauerbau und Fall der Mauer – begrenzt werden. Die Werke sind im Kontext ihrer Zeit zu lesen und spiegeln so ein Stück Stadt- und Zeit- wie auch Literaturgeschichte wider. Im Anhang finden sich Kurzbiografien der Autoren sowie Erläuterungen zu den Hintergründen einiger Gedichte.

Der Dichter Andreas Reimann, Sproß einer Leipziger Schriftstellerfamilie, dessen Vater und Großvater bereits in den Kaffeehäusern der Stadt ihre Werke verfaßten, stellt der Auswahl einen Essay über das Schreiben von Gedichten und die Stadt an der Pleiße zur Seite.

Genug der Worte: den Fockeberg, den Uniriesen, den Rathausturm hinab und hinein in die Stadt …

Frauke Hampel und Peter Hinke

NCERT-
-Haus
Armour's
Fleisch·Extract

Postkarten Centrale
HINAUS DENN, ZEIT AN DER ICH HÄNGE 1900–1918

Edwin Bormann

SÜNDE?

Wer singt: Mein Leipzig lob' ich mir!
Dem spendet lauten Beifall ihr.
Doch wenn die Tonart anders klingt,
Wenn einer mal die Pritsche schwingt,
Der Schelmheit Narrenpritsche bloß –
Hui, dann ist gleich der Teufel los.
Dann ruft gleich jeder außer sich:
„Nee heernse, nee, so simmer nich!"

Es denkt so mancher wackre Mann:
Daß einer sächsisch schreiben kann,
Find' ich im höchsten Grade roh!
Wir *reden* ja doch gar nicht so! –
Der gute Kerl, er ahnt es nicht,
Wie's klingt, wenn er drei Worte spricht!
Er hat kein Ohr dafür, und war
Doch mein Modell schon manches Jahr.

Ist's Sünde denn das Sächsisch-Reden?
Dann müßt zuerst ihr *euch* befehden,
Die ihr, ohn' daß ihr's wißt wie weit
In Sprach' und Tonfall Sachsen seid. –
Jed' sächsisch Herz, jed' sächs'scher Mund
Gibt *sächsisch* seine Weisheit kund;
Drum laßt das Schimpfen künftig bleiben,
Tut einer auch mal sächsisch schreiben.

Hauptsache ist und bleibt allzeit,
Daß nach wie vor ihr „helle" seid.

Georg Bötticher
SPIESSER-PROMENADE

Sonntagnachmittag. Von Menschen
Wimmelts auf der Promenade,
Ganze Herden von Familien
Wandeln die beliebten Pfade:
Vater, Mutter, Tochter, Sohn –
Freudlos, im Gewohnheitsfron.

Welch mechanisches Getriebe –
Ohne Lust und rechtes Leben
Kaum, daß nur ein Kinderlachen
Schüchtern wagt sich kund zu geben …
Selbst die Hunde, groß und klein,
Ordnen sich voll Anstand ein.

Wilhelm Bruchmüller

LEIPZIG

Du stolze Stadt im Osterland
Mein Leipzig, Pleißathen,
Wie läßt im eng verschlungnen Band
Du Alt- und Neuzeit seh'n!

Weit streckt sich deiner Glieder Bau
Stets wachsend in die Flur,
Und tilgt aus Feld und Wald und Au
Des früh'ren Daseins Spur.

Doch in dem Dröhnen junger Zeit,
Die vorwärts drängt und treibt,
Ein leiser Ton aus Fernen weit
Dem Ohr des Lauschers bleibt.

Das spricht mit liebem Heimatlaut
Aus altem Hausgestein
Und dringt so warm, so süß vertraut
Tief in das Herz hinein.

Da liegt der Zauber deiner Macht,
Dem wir nicht widerstehn,
Der Fremde dir zu Söhnen macht,
Geliebtes Pleißathen!

Edwin Bormann

LEIBZ'GER VANDALEN-LIED

Allen gleichgesinnden Gemiedern
in berserkerhafter Hochachdungk gewidmet.

Mir sin Vandalen. Unser Wahlspruch schreibt sich
Reißt weg, was friehre Zeiden hamm gebaut!
Un wo mir sehn ä Stickchen aldes Leibzig,
Da iewerleeft uns gleich de Gänsehaut.
De Hacke her, den Spaden!
Fort, immer fort mit Schaden!
Mit „Bideet" un sowas bleibt uns fern,
Mir sin Sie nämlich dorch un dorch modern.

Mit welch erhawnen Demolier-Gefiehle
Spaziert sich's alleweile dorch de Stadt.
Besondersch seit mer uf den hiesigen Briehle
Die vielen neien Prachtgebeide hat.
Stadt der Musiek, du hehre,
Du reddest deine Ehre:
Du bist fer ew'ge Zeiden scheene 'raus.
Seitdem beseidigt 's Richard-Wagner-Haus.

Wer Bildungk hat, der is sich längkst in Klaren,
Wie's mit der Fresgo-Malerei bewandt:
's is, wenn de Maler Eel un Leinwand sparen
Un schmier'n de Farwen uf de nack'ge Wand.
Was volle fimf Jahrhundert
Der Leibz'ger Plebs bewundert.
Das schmissen mir, die mir gebildet sein,
Verständnisvoll mitsammt den Kreizgangk ein.

Nischt gibbt's, was mehr modernen Sinn beleidigt
Als wie än Friedhof, der de nich mehr nei:
Drum word' der alde Krämbel schnell beseidigt –
Was gehen uns Leide an, die längkst verbei?
Mit Gellerden un Bachen
Dat, ach! mer Ausnahm' machen:
Doch uf den andern trambelt's Buwligum
Nu mir nischt dir nischt mit den Stieweln 'rum.

So schreiden mir verklärt von Dat ze Daden.
Wo's Arweit gibbt, gleich simmer da im Nu:
Schon bau'n mer voll än Deel der Promenaden,
Un nächstens fill'n mer ooch den Schwandeich zu.
Dut ja eich nich schenieren
Un jeden Berg planieren!
Längst hammer Preller'sch Binsel uf'en Strich;
Dadrum vergeßt mer'sch Reem'sche Heischen nich!

Denn leider dut ja viel noch existieren,
Was ä modernes Herz erfillt mit Graus:
Den alden Marchtplatz laßt uns barzellieren;
Da schlag' mer heidenmäß'ge Gelder 'raus!
Ooch gibbt's hier noch in Gansen
Zeviel andike Flansen:
Wie dick so'n Eichboom dud, 's is ä Skandal!
Wenn holz' mer endlich nieder 's Rosendhal?!

Ja ja. 's is noch recht vielerlei ze leisten,
Was beinah Menschenkräfde iewersteigt;
Drum laßt uns wieden „mit vereinden Feisten",
Denn ach! 's Zermeerscheln is oft gar nich leicht!
De Hacke hoch, ihr Brieder,
Un saust se schwungkvoll nieder,
Dann singkt's bekeistert in de Lifde 'nein:
Mir sin Vandalen, woll'n Vandalen sein!

Julius Petersen

MOMENTPHOTOGRAPHIE

Wir lachen glücklich, ich und du, mein Dämchen,
Und sitzen da, wie Bräutigam und Braut,
In einem flittergoldpapiernen Rähmchen
Auf Blech und schwarzer Gelatinehaut.

Der Jahrmarktsphotograph in seiner Bude
Hat uns für fünfzig Pfennig kopuliert,
Und eins, zwei, drei – vorbei war die Minute,
Und unser kurzes Glück, es war fixiert.

Wenn's auch verblaßt, ich denk mir's aufzuheben,
Dies Bildchen bleibt ein fröhlicher Besitz,
Ein warmer Sonnenblick in meinem Leben,
Ach nein – nur künstlich ein Magnesiumblitz.

Walter Hasenclever
LEIPZIG

Der Malerin Sophie Herwig

Der Flieder duftet schwach im Wind;
Die Wiesen sind schon lange grün.
Im Park, wo all die Bäume sind,
Ist Sommer – und die Bäume blühn.

Vorüber wandelt Paar um Paar
Gemächlich, im Feiertagsschritt;
Ist eine große, bunte Schar –
Und manchmal laufen Kinder mit.

Und manchmal kam einer und ging
Mit einer Blüte in der Hand;
Der steht und sinnt, zerpflückt das Ding
Und träumt von einem fernen Land ...

Walter Hasenclever

ERSTER FLUG

Noch einmal erfüllt mich brausendes Spiel!
Vom Gedärm der Erde ackre dich bloss;
Stampfe, bäume dich, schwanke los,
Steige – sei ohne Grenze und Ziel!
Blaue Monteure rennen im Trab,
Einem schlägt es die Hände ab;
Messingtrompeten verdünnen die Lüfte,
Toiletten, Autos, gespitzte Bärte;
Mitaufsteigen des Feldes Düfte
Und eines fernen Zuges Fährte.
Die krüppligen Menschen sind dein nicht mehr.

Höre den Strom! Er fliegt vor dir her.
Hinter dir schreit der Motor. Lass ihn morden.
Mensch aus Fleisch – Du bist Stahl geworden!
Riesengross aus dem Violetten
Bricht die Sonne auf wie ein Brandgeschwür;
Alles ergänzt sich zu Flächen und Ketten,
Sehnsucht, dass wir Flügel hätten,
Schwebt: ein schlankes, schwarzes Tier.
Wald, Fabrik und Marionetten
Graben sich wie Maulwürfe ein,
Und die Erde kriecht wie Wein
Langsam trunken in die Betten.

Hinaus denn, Zeit an der ich hänge!
Wir fahren und alles ist stillgestellt.
Die Ungeduld deiner Taten, deiner Gesänge
Bricht aus Jahrhunderte langer Enge –
Du hast begonnen – vollende die Welt!
Werde Form, was deine Maschinen trug!
Hinaus denn, Zeit nach der ich dränge!
Sei Eisen! Sei Höhensteuer! Sei Flug!

Kurt Pinthus

AN MEINE FREUNDE

Wir: rascher rauschend im Raum und glüher als
lichte Kometen.
Wir: Kenner seltner Weine, Früchte, Geflügel,
sanfter Pasteten.
Wir tragen vor brüllenden Menschenmassen
aufreizende Fahnen.
Wir fliegen höhnend auf in zartgeäderten
Aeroplanen.
Wir hüllen uns zitternd in tausend Schleier der
Einsamkeit.
Wir ballen das Leben zu kleinen Kugeln und liegen
aussaugend über Ländern und Menschen wie
Berge breit.
Wir schauern vor Spinnen und ziehen in ferne
Kriege ohne Grauen.
Wir ruhen im Mondschein, in fremden Häusern bei
schluchzenden, girrenden, stöhnenden Frauen.
Wir lohen wie Schmiedefeuer in kaltem Sturm und
starren wie Eisberge in müder Schwüle.
Wir: unsrer Zeit harte Fürsten und süße Dirnen
weltlicher Gefühle.
Wir: weise Greise zugleich und wütende Jünglinge,
alberne Kinder.
Wir lesen nachts vergessne romanische Schriften
und mystische Bücher der Germanen und Inder.
Wir tanzen in dunstigen Sälen des Volks und
schreiten graziös im Frack übers Parkett.
Wir wandern bettelnd zu Fuß nach China und
schwelgen wie orientalische Fürsten träge und
fett.
Aller Zeiten Geheimnisse wissen wir, stark wie
Athleten, wie bleichsüchtige Mädchen matt.

Leuchttürme wir, mit grellem Strahl das wirre Dunkel
scheidend in Türme, Meere, Kaufhäuser,
Liebesschlachten und dröhnende Stadt.

Ulrich Steindorff

UNTER DEM MOND

Zorngerötet zwischen Schloten
Quält der Mond sich aus den Dünsten
Starr empor. –

Blutend zwischen Großstadtmauern
Schlagen Herzen und versteinern,
Klagen Herzen und vertrauern;
Ragen Menschen, die nicht weinen,
Nicht mehr weinen.

Und im Großstadtnebel tropfen
Still zu Tode wildempörte
Herzen, die bald nicht mehr klopfen,
Weil ihr Schreien keiner hörte,
Niemals hörte.

Hastend in den Großstadtnächten
Rasen rastlos tausend Herzen.
Abertausende verknechten
Ratlos buhlend unter Schmerzen,
Ohne Schmerzen. –

Über starren Zackenschloten
Steht, entfärbt von Qual und Dünsten,
Grell der Mond. – –

Franz Werfel

DIE MONDSTUNDE

Aus mattem Lichthof mir empor,
Von fern entbranntem Tag gespeist,
Ein abgespiegelt windiger Geist,
Wallt Mond durch meinen Korridor.

Ich öffne diese Türe, und
Mein Fuß tritt einen weichen Fund.
Da, eine Katze faucht mich an,
Der ich im Dunkel weh getan.

Ihr aus geschlitzten Augen bricht
Ein abgespiegelt wildes Licht
Von Feindschaft, die im Weltall steht.
Wie sie in Kätzchens Blick gerät,
Erwidert sie auch mein Gesicht.

Ich hebe meinen Knotenstock
Mit einem schweren Zauberwort.
Zu ihrer Herrin Unterrock
Schmiegt sich die Katze feindlich fort.

Anzünd ich, nun mich Schmerz befällt,
Die kleine Kerze unverwandt,
Geh mit dem Flämmchen in der Hand,
Geh auf den Gang und klage – Welt!

Franz Werfel

DIE DAMENKAPELLE

Wißt ihr es denn, die ihr an Tischen sitzt,
Am Rauche der Pleureusen euch erhitzt,
Die ihr den Tag betreibend durchgebracht,
Wie diesen Frauen hinschwebt eine Nacht?

O seht sie an! Sind sie von dieser Welt?
Sind sie nicht Schatten, fern in Wind gestellt?
Die steht und geigt und starrt ins schwere Nichts,
Die andere flötet schwindenden Gesichts.

Ihr Frauen, sprecht, wo geht das Licht euch auf?
Und was begleitet euern Atemlauf?
Und was für Speisen sind euch zugeteilt?
Und welcher Name ist, der in euch weilt?

Liebt ihr euch, taumelnd, selig, Zwei und Zwei?
Sagt, oder seid ihr mit der Nacht vorbei?
Und werdet, wenn der Rauch im Saal verschäumt,
Mit Asche und Geräten fortgeräumt?

Gingt ihr einst schwanger durch die Straßen schon?
Und ist ein Mann in eurem Medaillon?
Oder, mit dieser Halle aufgetan,
Hebt ihr erst nachts zu schwankem Leben an?

Die du am Pult stehst, leg den Bogen hin!
Halt ein im Wirbel, Trommelschlägerin!
Die am Triangel dient, es ist genug!
Schwebt auf, entflattert, wallt in meinem Zug!

Kein Angesicht, das schwände je in mir.
Die alte Frau hat ewiges Quartier,
Und in dem tiefsten, überwogten Grund
Spaziert der Greis mit seinem Dackelhund.

Ihr Damen, die ihr wesenlos entbrennt,
In mir ist Nacht und Fluß und Firmament!
Zieht ein und wandelt unter Sternen traut
In dieser Brust, unendlich überblaut.

Walter Hasenclever

DER JÜNGLING

Vielleicht, vor einer großen Stadt versunken,
Hat einer Sehnsucht, die ihm heiß entquillt;
Oder hast die laute Nacht vertrunken
Und siehst vor dem Nachhausegehn ein Bild.
Du denkst an einen Park, an einen Schwan,
an einen Strumpf in einer Eisenbahn
Und kannst nicht ruhn und kannst dich nicht verlassen:
So geh zu einer unbekannten Frau.
Versuche sie zu lieben und zu hassen.
Erzähle ihr, du seist vom Mond ein Tier;
Sie wird es hören und vielleicht erfassen.
Und wenn du müde bist, geh schnell von ihr.

hinaus denn, Zeit an der ich hänge

Wilhelm Bruchmüller

DER ALTE JOHANNISFRIEDHOF

Der alte Kirchhof
Steht in lichtem Frühlingsgrün,
Kastanienkerzen
Fliederdolden blüh'n.

Aus wirrem Buschwerk
Lockt ein girrend Vogellied,
Um graue Steine
Sonnenleuchten zieht.

Auf schmalem Wege
Blinkt ein weißes Mädchenkleid –
Rings junges Leben
Über längst vergeßnem Leid!

Max Schwimmer
HERBSTSTIMMUNG

Grauer Tag,
Verregnete Stadt;
Müde und blasse Gesichter.
Trostlos alles,
Trübe und matt
Schimmern am Abend die Lichter.

Heimlich, ganz heimlich
Schleich ich mich fort, –
Fort von Grauen und Bangen.
Ob mir's gelingt, –
Am einsamen Ort,
Sonne ins Herze zu fangen?

Bruno Apitz

DAS BLÜMCHEN IM GEFÄNGNISHOF

Du weißt ja, wo du blühest, nicht.
Du hebst dein Köpfchen auf zum Licht.
Und dankbar bist du der Natur
Um jedes Krümchen Erde,
Das sie dir gab, so blühe nur,
Damit ich glücklich werde!

Wie nahe sind sich Schmerz und Lust.
Dir lacht der Mai, mir drückt die Brust!
Und wenn du still-bescheiden auch
Die Ecke nimmst zum Leben,
Kannst du mit deinem Himmelsaug'
Den Blick zur Sonne heben.

O blühe, Blümchen, blüh für mich!
Vom Lenze seh ich doch nur dich. –
Mich grüßt kein Vogel, neckt kein Wind,
So hat ein armes Menschenkind
An dir doch stille Freuden.

SPECKS HOF
DAMEN

Speck
Kunstgewerbe
Spielwaren
UNRUHIG
GLITZERT
DIE
FREMDE
STADT
1918–
1933

Peter Scher

UNDER ANDERM OOCH ...

An Leibdzich
reibd sich
Pfui Deifel
die Sadire,
aber die Stadt
hat
ihre
Vorzieche – ohne Zweifel!

Was wird da alleene
für Geist
betrieben!

Wemm'r den betracht't,
meine Lieben,
da saacht m'r dreist:
Alle Dichtung
der neien Richtung
is in Leibdzich zur Welt gebracht
un fludet nu los
und schwingt
sich hoch.
Leibdzich is ooch –
unbedingt!! –
das Gesaachte beweist es –:

enne Medroboohle des Geistes!

Axel Eggebrecht

ABEND

Wie welkende Alleen schon junimüder Linden
ins weite Land hinaus entfließend ziehn,
so will der lange Tag in lauen Abend münden,
und dumpfer Abend in die Nacht verblühn.

Mein Blick hängt, sacht gequält, im Fensterrahmen
und schleicht das Stückchen Straße her und hin;
spielt um die Kinder, küßt die raschen Damen
und zuckt unmerklich mit die stete Gleichheit
im Abendheimschritt der Fabrikarbeiterin.

Hinschmilzt die harte Häuserecke, die am Tage
das Auge schnitt, – und streichelt zögernd Weichheit
in meinen Sinn. – Und wie in müdem Wellenschlage
verebben langsam Gedanken, spät erwacht,
hin zu den milden Füßen dieser jungen Nacht
und sterben matt hinweg und ohne Klage.

Axel Eggebrecht

UNSERE GENERATION

Tausend Jahre waren, erinnernd gedrängt wie ein Tag;
tausend Jahre kommen, geballt, die noch keiner
auseinanderdenken mag;
inmitten hängt, schwingt, schwimmt, von Dauer umflohn,
unsre, die junge, alternde, langwährend-tragende
Generation.

Wir wuchsen, umküßt von aller Vollendetheit
einer satten Kultur; als sie breit
mit Verebbung drohte, riß Krieg uns darüber hinaus;
und stumpfe Jahre im Schlamm reiften unsre
Zerrissenheit aus.

Aus todnaher Vollendung jener geistlosen Leeren
warfen unsanft Revolutionen in Zukunftbegehren. –
Und – alles geschah mit uns. Keiner weiß, was noch mit
uns geschieht.
Wenig taten wir selbst. Sind wir triebhaft oder verblüht?
Unterglutete Nächte stehn; aufklirrt weißer Tage Verlauf:
Zwischen lauten Zielen schwingt stärker die Sehnsucht
nach Ruhe auf …

Max Schwimmer
SATIN

für Hans Peter Schmiedel

Mit einem Reh kommt Ilka ins Merkur,
der Irma Vep verschwistert und: ein ›Tee‹.
Ach, siebzehn Tränen sind noch kein Gewässer.
Ein feister Herr massiert sein Doppelkinn.
Die Fünfzigjährige gibt sich bräutlich,
zu jedem Kaffee ein Stück Zucker,
bei jedem Schluck ein Seufzer: ach.
Verkleistert, in devoter Haltung
kuscht ein verfehlter Philosoph.
Das Auge in der innersten Etage,
die schwarze Lunge um den Hals,
träumt ein Germane Hakenkreuztapete.
Die jungen Dichter käuen an den Nägeln.
Ein schönes Bein wippt mit dem Knöchelschuh,
worob ein Spießer sein Gesäße lüpft.
(Im Bartgeflechte eine Kaffeeträne.)
Mein Gott und draußen ist es Herbst,
an allen Bäumen wird es deutlich –
– –
Und Emil Szittya fährt nach Italien.

Wilhelm Klemm

RAST

Hunde bellen im dunklen Park,
Ein großes Segel kehrt grau zurück.
Das Land schwebt zwischen den Himmeln
Auf Lindenblütendüften gewiegt.

Silberner Pfeil zuckt mitten im See,
Aus schwarzen Kuppeln steigt Getürm,
Ununterbrochen redet die Welle, –
Und plötzlich wenden wir uns ins Licht.

Alles Schwere erhellt sich,
Der Mond steht genau in der Mitte,
Und sammelt sich auf den Wassern,
Aber schattenhaft werden die Formen.

Unruhig glitzert die fremde Stadt,
Glocken tönen schläfrig.
Wer heimkehren will, möge es tun:
Ich muß nachhängen meinen Gedanken.

Walter Mehring

ZUM BLAUEN AFFEN

(Souvenir de Leipzig I)

Dem Weggenossen George Grosz

Wir wohnen in einem pikfeinen Geschoß.
Es ist kein Kloster, es ist kein Schloß.
Flur rechts die Türe mit goldenem Friese
        zum Paradiese!
Wir ham eine Mutter, die lenkt das Geschick,
Die sagt aus den Karten uns unser Glück
Und schenkt uns Seide nebst schönen Agraffen
        im blauen Affen.

Wir sind acht Damen und sind immer froh!
Das Leben ist sauig, das ist nun mal so!
Wir wandeln, lobsingend lauter Psalmen,
        nur unter Palmen.
Wir ham keinen Weihrauch und Kerzen nicht.
Wir ham Zigaretten. Und Herzen nicht!
Wir haben ein Strumpfgeld zum Verpaffen
        im blauen Affen.

Wir haben ein eigenes Spiegelkabinett.
Zwei goldene Engel, die tragen das Bett
Und führen die Gäste – was ist da weiter? –
        die Himmelsleiter.
Wir haben schon manchen Heil'gen versucht
Und seine Seele à conto gebucht
Und trinken den Wein aus geweihten Karaffen
        des blauen Affen.

Man nennt unser Haus die verrufne Abtei.
Die katholische Kirche ist gleich nebenbei.
Der Schein fließt rot wie Gelatine
durch die Gardine.
Unsre bärt'ge Matrone spielt den Kaplan,
Und wer da klopft, dem wird aufgetan.
Es kommen Bürger, es kommen auch Pfaffen
zum blauen Affen.

Wir ham einen Gott und den heiligen Sohn;
Der schickt uns ganz sicher einen Baron
Und bettet uns alle auf einer Wiese
im Paradiese!
Mal kommt das Glück. Und haben wir keins,
Dann siedeln wir über – 's ist alles eins –
Zu einer anderen Mutter ihr Schlößchen
im Goldhahngößchen.

Erich Weinert

NEUER LEIPZIGER FREMDENFÜHRER

Bevor Sie den Hauptbahnhof verlassen,
Wollen Sie sich bitte seelisch zusammenfassen!
Denn Sie betreten kulturschwangren Boden,
Direkt vom deutschen Wesen geschwellt –
Bevorzugen Sie Manchester oder Loden,
weil man Sie sonst für einen Ausländer hält.
Und nun nehmen Sie diesen Führer zu Hand:
Mit Gott für König und Vaterland!

Damit Sie den richtigen Eindruck gewinnen,
wollen Sie bitte am Hauptbahnhof beginnen
zu einem Rundgang durch die monumentale
sächsische Kunst- und Handelszentrale.
Wenn Sie die Goethestraße nach Süden wanken,
passieren Sie zuerst 78 Banken.
Halblinks ist auch ein Schwanenteich vorhanden;
den hören Sie schon von weitem branden,
dort füttert man die bekannten Schwäne
für die Lohengrin-Abschiedsszene;
denn dahinter entdecken Sie alsbald
die Leipziger Operverwertungsanstalt.

Sie gelangen auf den Augustusplatz.
Den hat schon der junge Goethe überschritten,
wenn er sonntags nachmittags seinen Schatz
zum Kuchengarten hinausbeglitten.
Wäre damals schon Café Felsche gewesen,
er wäre schon hier von seinem Drang genesen.

Café Felsche und die Universität,
wo noch der Geist von 1914 weht,
lassen Sie bitte rechterhand liegen
und begeben sich in großen Zügen
nach dem sogenannten Kunstmuseum
alias Klinger-Mausoleum,
und betrachten dort mit kathedraler Brunst
Anfang und Ende der deutschen Kunst,
letzteres ungefähr um 1900.
Nachdem Sie gepinselte Philosophie
von Karl dem Dicken bis Wilhelm dem Zweiten bewundert,
werden Sie unten noch einmal vom horror vacui
des modernen Ausdruckswillens ergriffen.

Mit diesem wollen Sie aus dem Museum schiffen!
Wenn Sie nun rechtsherum weitergehen,
werden Sie bald auf dem Roßplatz stehen,
dort steht in einer Ecke versonnen
der Mägdebronnen,
so genannt nach dem sensationellen Institut,
welches im Hintergrunde verborgen ruht.
Sie bemerken im schlichten Vorüberwandern:
das Haus ist etwas anders als die andern.
Bevor Sie den Königsplatz erreichen
müssen Sie am Schillerdenkmal vorüberstreichen.
Schiller macht ein Gesicht wie der Cerberus im Hades
(er hat in Leipzig immer so ein Gesicht gemacht),
darunter, zwecks Förderung des Familienbades,

hat man zwo nacksche Figuren angebracht.
Wenn Sie den Königsplatz betreten,
erblicken Sie das Denkmal Augusts des Leichtathleten.
Damit es kein Revolutionär zerhaut,
hat man eine große Messehalle drumherumgebaut.

Im Süden zwischen dem Häusergewühle
sehen Sie das Weinetablissement Volkshaus-Diele,
mit einer Kuppel im gotisch-romantisch-arabischen
Jugendstile.
Wandeln Sie bitte immer weiter gradaus,
Sie kommen unweigerlich ans Rathaus.
Darauf brauchen Sie keine Zeit zu verschwenden,
Sie erhalten dasselbte naturgetreu imitiert,
in Aschenbechern, Briefbeschwerern und anderen
Gegenständen,
welche jeder bessere Bijouterieladen führt.

Bevor Sie rechts um das Rathaus schwenken,
wollen Sie ihre Blicke zur Linken lenken,
dort steht einsam und sehr monumental
das ehemalige Reichsgericht, jetzt Revolutionstribunal.
Dort sind wackre Deutsche zur Ablegung von Orden
und anderen unmenschlichen Strafen verurteilt worden.
Wenn Sie den Rathausring herniederwallen,
wird Ihnen ein Lokal in die Augen fallen,
hier entspringt ein Teil der Weltliteratur,
Sie stehen vor dem berühmten Café Merkur.
Dort finden Sie die jeunesse diarrhoe
in revolutionäre Probleme verwickelt;
dort werden bei ratenweise bezahltem Tee
die Tagesereignisse kosmisch zerstückelt.
Es empfiehlt sich, den Atem anzuhalten,
denn es riecht gewaltig nach Schöpfungsgewalten.
Sie werden infiziert mit sämtlichen Künsten,

doch sofern Ihnen ein Familienbad,
in einem nahegelegenen Pensionat,
unter dem Namen Das blaue Äffchen bekannt,
die Adresse sagt Ihnen jeder Passant.

Sollten Sie dort nicht gleich mehrere Tage verbringen,
so empfehle ich Ihnen weiter vorzudringen,
in das Innere der Stadt,
die einen sehenswürdigen Marktplatz hat.
Was dort ihr Blick zuerst erfaßt,
sieht wie eine Latrine im Riesenformat aus,
das ist der Leipziger Meßpalast
(und nicht etwa das Alte Rathaus).
Er ähnelt dem angefangenen Turm zu Babel
und ist außerdem völlig transportabel.
Gewöhnlich wird er 8–10 Wochen
nach der Messe wieder abgebrochen;
und nach ungefähr einem viertel Jahr,
ist der Marktplatz wieder leidlich klar.
Doch während man hinten die letzten Balken verstaut,
werden von vorne schon wieder Gerüste gebaut.
Und so hat man hier zu jeder Jahreszeit
den Eindruck enormer Geschäftstätigkeit.

Dahinter zwischen Plakaten und Sparren
sehen Sie das Siegesdenkmal starren.
Germania blickt mit tragischem Leid
in die kaiserlose, die schreckliche Zeit.
Sie sehen bronzierte Schutzleute thronen
zwischen nicht abgelieferten Kanonen
und unten als wackre Sockelverzierer
die Herrlichenzeitenentgegenführer.
Die Barfuß- und Klostergasse durchschreitend,
gelangen Sie auf den Fleischerplatz.
Dort ragt einsam und sehr bedeutend,

auf monumentalem Untersatz,
zwischen Blumen- und Palmengewühl
Richard Wagners geniales Profil.

Es steht zwar ein bißchen im Verlorenen;
doch wenn's Ihnen nicht gleich in die Augen springt,
fragen Sie bitte einen Eingeborenen,
denn er kennt den Standort unbedingt.
Sind Sie jedoch ein Freund moderner völkischer
Dichtung,
so bewegen Sie sich in die nördliche Richtung;
dort finden Sie an einem obskuren Orte
das literarische Kabarettirado Retorte.
Wenn Sie auch dort nicht alles fassen,
werden Sie danach Leipzig ohne Träne verlassen.

Am nächsten Tage, wenn Sie sich nicht bereits
am Abend vorher in den D-Zug geschmissen
nach Perleberg oder der Sächsischen Schweiz,
bleibt Ihnen noch eine Reihe von weiteren Genüssen.
Vielleicht der Zoo und die Menschenfresser.
Aber das können Sie sich allenfalls sparen,
die Retorte ist zweifellos besser,
wo Sie gestern Abend schon waren.
Auch können Sie zum Völkerschlachthof fahren,
dort wird Ihr Herz wieder hoffnungsstark
oder Sie fahren nach dem Lunapark.
Dort öffnet sich Ihnen jede Pore,
und am Abend, wenn der Nebel steigt,
kapern Sie sich eine kleine Trikot-Lore,
die Ihnen Leipzig im Dunkeln zeigt.
Lassen Sie sich ruhig durch alle Himmel führen,
nach Äckerleins- oder Auerbachs Keller.
Dort werden Sie noch den Geist von Goethe spüren.
Aber heute ist's hier viel origineller,

Sie werden durch alle Dielen geschleppt
und wundern sich über die billigen Preise.
Ja, mein Lieber, in Leipzig wird niemand geneppt. –
Also Glück auf und gesegnete Reise!
Ich empfehle Ihnen wärmstens mein obiges Rezept. –

Wollen Sie aber ganz sicher gehen
in punkto Führung und nichts übersehen,
so wenden Sie sich vertrauensvoll an mich.
Wir gehen dann zusammen auf den – Gedankenstrich.
Ich führe Sie herrlichen Zeiten entgegen
bis zum Untergang des Abendlands. –
Honorar verrechne ich in runden Beträgen
unter Zugrundelegung des Dollarstands.

Elsa Asenijeff

SONNIGER NACHMITTAG

Der reinklare Raum, schön gehöht,
Und wohlgefühlter Breite,
Ist gefüllt mit Bildern und Bänden.
An den Wänden
Hellt Widerschein sonnigen Frühlingstages,
Drin steht der Mann aus Basalt
Und sinnt dahin, wie ein schweigender Wald.
Aus dem hochbreiten Fensterglas
Geht sein Blick über besonnte Architekturen
Und folgt violettblauen Ätherspuren,
Die die federnden fernen Pappeln
Rothgoldig durchleuchtet.
Nah am Fenster grüßt ein Baum –,
Der Äste graue Schwere
Ist schon voll Frühlingsboten:
Wer wird Blatt und wer wird Blüthe
Im neuen Geben der Welt??
Still hellt der Raum,
Und über allen Dingen liegt Traum …

Elsa Asenijeff
FRÜHLINGSAHNEN

In glanzgetauchtem Leuchten
Überströmen Äther die Gebäudekonturen.
Goldne Kuppelspitzen jubilieren,
Gras zuckt neugierig aus feuchter Erde;
Kleiderauslagen verführen
Blanke Mädchenaugen;
Wird Welt was taugen?
Es ist immer wieder so bange und schwer,
Irgendwo kommt Einer,
als ob er der Einzige wär'!
Die Luft hat Küsse in sich,
Wo lehn' ich die Wange an
Für das kleine Glück …?

Joachim Ringelnatz
LEIPZIG

Die Berge sind so schön, so erhaben! –
Aber es gibt hier keine. –
Wo hier zwei Menschen sind, ist keiner alleine. –
Über manche Leute, die jemand begraben,
Lache ich beinahe mich selber zu Tode. –
Fast alle Sachsen sind sächsisch. Sie zeigen sogar,
Daß die Pariser und die Londoner Mode
Vor zwei Jahren eigentlich auch sächsisch war.

Bei deiner Großmutter bin ich gewesen.
Es tut einem weh:
Sie nagelt – die Siebzigjährige – Stiele an Besen
Und trinkt – weil das jetzt am billigsten –
Blutreinigungstee.
Sie hat eine alte Kommode, wertvolles, frühes Barock.
Ich klärte sie auf. Und denke dir:
Sie – unabwehrbar – schenkte sie mir,
Trug sie persönlich mir heimlich nachts ins Hotel
in den dritten Stock.

Was nun mit ihr, was mit der Kommode machen?? –
Genug für heute. Ich bin so müde gefragt.
Es ist doch billig, über die Sachsen zu lachen.
Der müßte selber ein
(und würde kein) Sachse sein,
Der einmal recht ihre Vorzüge sagt.

Erich Kästner

LIED DES WERKSTUDENTEN

Mit Heidelberg und Burschenstolz,
da können wir nicht dienen.
Wir lesen Kant und hacken Holz
und stehen an Maschinen.

Die Jugend flieht. Die Großstadt braust.
Wir sind nicht immer heiter.
Wir hacken Holz und lesen Faust
und hacken danach weiter.

Wir haben es nicht ganz so gut
wie unsre Herren Väter.
Wir haben nichts und haben Mut.
Das andre kommt dann später!

Wladimir Majakowski
SOLIDARITÄT

Die Messe rast,
überstürzt,
übertreibt sich.
Leipzig ist toll.
Im Rummel fliegt Leipzig.
Nur der Bahnhofsplatz lärmt nicht.
Der Bahnhofsplatz schweigt.
Der Bahnhof feiert.
Der Frachtdienst streikt.

Heut sagten Verlader und Schauerleute:
„Na schön, ihr Herren!
Denn bummeln wir heute."
Nur selten Krakeel.
Und Geklopf zuweilen.
Wenn Streikposten
nämlich
Streikbrecher verkeilen.
Unternehmer knirschen.
Mit schäumendem Munde.
„Die Gewerkschaftsbrüder
richten uns zugrunde!"
Doch plötzlich
belebt sie
ein hämisches Hoffen:
Sowjetische
Rauchwaren
sind eingetroffen.
Da lacht
die schnurrbartstreichende Gruppe:

„Jetzt löffelt
die selbsteingebrockte
Suppe!
Ihr Russen,
wer lädt sie euch aus, eure Felle?
Eine gute Lehre für künftige Fälle!“

Die Leipziger Messe
vergnügt sich,
betäubt sich.
Da plötzlich,
ihr Bürger,
gibts Aufsehn in Leipzig.
Speckhälse recken sich:
Außergewöhnlich!
Das Streikkomittee
erscheint
persönlich!
Es greift
mit Begeisterung
hemdärmelig zu, –
das Eisenbahnlagerhaus
leert sich im Nu.

Zur Messe ziehn Damen.
Die Messe beweibt sich.
Man bestaunt die Sowjetpelze in Leipzig.
Die Arbeiter-Eintracht
besiegt
alle Würger.
Sie trotzt auch
dem streikabwürgenden Bürger.

Lene Voigt

LEIPZCHR BARGAROHLE

Schaugle, mei Gahn, uff dr Bleiße.
Schaugle un gibbe nich um!
Scheen is, wenn glorksn so leise
De Wälln. Un de Miggn, die summ'.

Lieblich erdeend ausn Walde
Seidwärds ä Männrgor.
„Warde nur, warde nur, balde“
Gommd in dän Liede drin vor.

Ahmdwolkn, freindlich wie Lämmchn,
Schwähm iewern Gobbe mir wägg.
Daß'ch gans geriehrd in mei Bämmchn
Beiße mid auswärdchn Schbägg.

Gugge! Da illern finf Schdärne
Schon in das Duhsdriche nein,
Un midr grienen Ladärne
Schdälln sich bald Gliehwärmchn ein.

Horche! Jetzt glingd Mandoliehne
Driem ausn Nachbar sein Gahn.
Dazu singd seine Garliehne
Das scheene Lied von dän Banahn.

Was da bloß enchal de Leide
Ham mid Neahbl ihrn Fitz!
Warum dänne lahdschn ins Weide?
O sanda Gonnewitz – – –

Ossip Kalenter

SOUVENIR DE ...

„Denk ich an Leipzig in der Nacht,
so bin ich um den Schlaf gebracht.“

Ist dies die Welt? Ist dies italsche Sonne?
Sind dies Palmen, was im Südwind weht?
O Schmerz! Es melden Zeilen mir aus Conne-
witz, wie es mies ums traute Leipzig steht.

Die Grimmsche leer, der holde Strich verlassen:
Was ficht euch an?! Tut solches die Saison?
Im Schwarzwald Ortner, führerlos die Massen,
Und niemand stürmt bei Felsche den Balkon.

Auf Hesses Spuren wandelt fern der Wiegand.
Hans Natonek flog stolz zum Genfer See.
Der Schmiedel, heißt es, liest aus Ironie Kant,
Und H. G. R. verließe das L. T.?

Kehrt Manfred auch vom fernen Trier zurücke,
Aus Spanien kehret uns kein A. H. Zeiz. – –
„Wie selten scheint dem Menschen das Gelücke“,
Sagt Hoffmannswaldau schon déjà bereits.

Denk ich an Leipzig, mir wird Angst und Bange
Ob meiner Wiederkehr. Ich prüf die Visa:
Na, immerhin, sie gelten ziemlich lange. – –
Orest ist tot. Und Opitz ist in Riesa.

Erich Kästner

KARNEVAL UND MESSE

Hauptbahnhof und Bogenlampen.
Welch Getümmel vor den Rampen!
Laut ertönt's von fern und nah:
„Der Berliner Zug ist da!"
Und ein Herr, der extraklug ist,
ruft: „Ob das der Damen-Zug ist?"
Und es scheint: der Herr hat recht!
Nichts als weibliches Geschlecht!
Nichts als Mädels – Donnerwetter!
Immer hübscher, immer netter!
Lu und Li und Lee und Lo,
Ern und Trud und Mi und so …
Puderhauch und frohe Stimmung.
Pelzjackett mit sanfter Krümmung.
Lauer Duft wie von Lavendel.
Necessaire und Reisemäntel.
Seidenstrumpf und Glockenhut:
Na, mein Kleiner! Keinen Mut? …
Rot und Gelb und Grün und Blau!
Lachen, Schreien, Mordsradau!
Mädchen – schlank wie Rehe –:
Na! Wer hat noch keine Frau
für acht Tage Ehe? …

Meine Wirtin hat vier Zimmer.
Doch wir waren fleißig!
Bauten um und räumten immer:
Jetzt ist Platz für dreißig …
Jede Stube, Stück für Stück,
wird halbiert durch einen Strick.
Ja! So wurden wirklich acht
Zimmer aus nur vier gemacht …

Sehr moralisch ist das kaum,
seien wir doch ehrlich …
Strick als Wand und Zwischenraum
ist nicht ungefährlich!
(Und zudehm entbehrlich …) –
Links vom Strick ist Lehmanns Bett –
rechts ist Meiers Lager:
Beide Fraun sind längst zu Bett,
die Frau Meier dick, fast fett,
die Frau Lehmann hager …
Auf den Gatten warten beide –
horch, da kommt der eine an!
Findet er die richt'ge Seite?
Ach, wie leicht der brave Mann
in der Richtung irren kann!
Und – da beide Frauen sächseln –,
oh, man kann sie leicht verwechseln …
Denn wer kennt des Zufalls Grenzen?
Und – wer trägt die Konsequenzen? –

Bis hierher zeigt das Gedicht:
Einfach ist die Messe nicht!
Nichts als Sorgen, nichts als Plage,
Angebot und Nachgefrage.
Bargeschäft? Geschäft auf Sicht?
Kaufen? Oder besser nicht?
Warten, ob die Preise fallen?
Kauf in Wagen? Nur in Ballen?
Ist das Konto überzogen?
Bist du oder hast betrogen?
Ware halten? Oder brennt's?
Wie verkauft die Konkurrenz?
Über Weltmarkt oder unter?
Es wird immer kunterbunter! –
Seit die Mark stabilisiert ist,
wird der Handel wieder ernst!
Zeig, ob du noch instruiert bist
oder ob du's wieder lernst!
Dummheit ist kein Vorzug mehr,
wenn sich's um Geschäfte handelt.
Raffke denkt: „Es hat sich sehr,
hat sich sehr gewandelt …"
Wer sich am Tag mit Preis und Waren
und Risiko die Zeit vertreibt,
der will nicht auch am Abend sparen!
Er eilt, ob ledig, ob beweibt,
ein wenig in die Stadt … und kneipt …
Dies tut der Durchschnittsmensch. Indessen
gibt es auch höhre Interessen!
Die Kunst zum Beispiel ist beliebt,
weil sie der Seele manches gibt.
Man sitzt dann etwa im Theater:
die Mutter rechts und links der Vater,
die lieben Kinder in der Mitte.
(Denn so verlangt's die gute Sitte!)

Wenn nach dem ersten Akt Applaus ist,
hofft der Papa, daß es bald aus ist.
Er schätzt die Kunst, versteht sich sehr;
er rechnet sich nicht zu den Bauern.
Doch darf die Kunst nicht lange dauern!
Und ein Glas Pilsner schätzt er mehr …

Im Gewandhaus sitzen viele,
widmen sich dem edlen Spiele,
still, so wie es sich gehört.
Und man sonst den Nachbar stört …
Große Augen macht der eine,
doch sein Nachbar hat fast keine;
und du denkst empört: Er schläft!
Nein, er träumt bloß vom Geschä-ä-äft.
Seine Gattin staunt beständig,
daß der Dirigent so winkt!
Wirkt er nicht wie tausendhändig?
Und wie laut die Pauke klingt! …

Hohe Kunst ist nicht für alle –
Stimmungsbild in diesem Falle:
Zwischen Sekt und Zigarette
lauschen sie dem Nacktballette.
Liebe Mädchen ohne Kleider,
zart verziert mit Lendenschürzen,
springen, knien, walzen, stürzen,
hüpfen, fallen und so weiter.
Damen aus dem Publikum
wenden sich entrüstet um.
„Nein, wenn ich so wollte – oh!"
Kreischt die Frau von Bolt & Co.
Doch – sie wiegt zweihundert Pfund!
Und ihr Mann, entsprechend rund,
meint: „Du bist doch sonst gesund –"

Schließlich bei der letzten Szene
gruselt's alle eisekalt,
weil die Karin – hast du Töne? –
wütend mit der Peitsche knallt
und die andere, die Schöne,
prügelt, daß es widerhallt ...
Weil die Tanzkunst, wenn bewegt,
Ehemänner stark erregt,
sagen manche Frauen klug:
„Männe, komm! Du hast genug."
Und man sieht noch, wie sie hinten
schimpfend mit dem Mann verschwinden. –
Andre haben Stolz im Leibe,
und sie denken: Nein, ich bleibe!
Doch im Grunde ist's nicht gut,
wenn die Frau erhaben tut ...
Weiter geht's in Sekt und Geigen!
Und in Lärm und Eleganz!
Weiter geht's – „Der Rest ist Schweigen ..."
Doch erst nach dem Tanz ...
Ja, nach solchen Messewochen
spürt der Onkel seine Knochen ...
Nach dem siebenten Cocktail
nannte sie ihn schon „Kamel".
Und sie trank noch immer!
Und es kam noch schlimmer!
Das Entsetzlichste vom Ganzen:
Elli wollte mit ihm – tanzen! –
Seide knistert. Kesses Lachen.
Schultern duften. Ringe blitzen.
Onkelchen sagt: „Nichts zu machen,
Kind, ich bleibe sitzen."
Aber Elli muß heut tanzen.
Tanzen ist der Clou vom Janzen.
„Also Kind, dann los!"

„Onkelchen, famos!“
Und der Onkel wird ganz krank, oh!
Denn man spielt gerade Tango.
Und er hupft in großen Sprüngen.
Doch es will nicht recht gelingen …
Denn er kann ja weiter – falls er
überhaupt tanzt – nichts als Walzer!
Rotes Licht und Jazzkapelle,
Gläserbruch und Zwischenfälle,
Frauenblick und blauer Aal:
Karneval! Karneval! –
„Morgens, wenn die Hähne krähn,
müssen wir nach Hause gehn.“ –
Als er das Lokal verließ,
war dem dicken Onkel mies,
Elli war verschwunden …
An der nächsten Straßenecke,
ausgestreckt im Straßendrecke,
hat man ihn gefunden …
Zweie faßten Onkel unter,
und da war er wieder munter …

Intressant nicht nur für Kenner,
sondern auch für andre Männer,
ja, eventuell für Frauen,
ist es, Schilder anzuschauen!
„Fix“, das beste Haubennetz!
Grudeöfen und Korsetts.
Hausbriketts und Farbendruck.
Hosenträger. Christbaumschmuck.
Blumenvasen. Falsche Waden.
Schweizer Käse. Zinnsoldaten.
Grammophone. Schreibmaschinen.
Nagelscheren. Limousinen.
Filzpantoffel. Steife Hüte.

Und Parfüms von seltner Güte.
Fleischkonserven. Bechsteinflügel.
Lockennadeln. Kleiderbügel.
Korbgemöbel. Wein in Flaschen.
Kontenhefter. Aktentaschen.
Mottenpulver. Perserbrücken.
Bilderbücher, zum Entzücken.
Tote Blumen. Und Konfekt.
Fisch in Dosen. Deutscher Sekt.
Kinderflugzeug. Dampfmaschinen.
Radiofunk und Apfelsinen.
Gold und echte Edelsteine.
Unterwäsche. Falsche Beine.
Bilder. Handgewirkte Tücher.
Yohimbin. Und neue Bücher.
Untertaillen. Zahnpasteten.
Haarfärbmittel und Trompeten.
Fliegenleim und Kinderwiegen –
alles, alles kannst du kriegen!

Wenn du Geld hast, selbstverständlich!
Gestern beispielsweise pendl' ich
stillvergnügt, wie ich das liebe,
durch das tolle Meßgetriebe ...
Tausend neckische Gesichter.
Fensterglas. Laternenlichter.
Grauer Himmel. Weiche Flocken.
Blonde und auch braune Locken ...
Während ich noch überlege,
warum ich mich fortbewege,
streift mich eine kleine Hand;
Stulpenhandschuh. Elegant.
Blickgespräch. Oh, bitte sehr!
Also steig ich hinterher ...
Leider war das holde Kind

schon mit Herrn versehen ...
Sie bleibt stehen, nickt geschwind –
hier muß was geschehen! – –
Dann, in einem Nachtlokal,
fand ich sie beim Tanze.
Frühjahrsmesse! Karneval!
Und ich ging aufs Ganze.
Zu dem Herrn, bei dem sie saß,
sagte ich: „Mein Bester,
geben sie mir auch ein Glas.
Sie ist meine Schwester.“ – –
Sie sagte: „Arno, setz dich her!
Der Herr kommt alle Messen.
Wir waren grad im ‚Blauen Bär‘,
hast du auch schon gegessen?“
Dann tranken und dann tanzten wir.
Und aßen in der Pause.
Der Herr war lieb und nett zu mir.
Dann brachte ich – so gegen vier –
Mein – Schwesterchen nach Hause ...

Peter Polter

PETERSSTRASSE

Sie kommt mir vor wie ein geschwoll'ner Bauch,
Dick angefüllt von einer Mastdarmstauung,
Was Leipzig frißt, rutscht durch den engen Schlauch
Vom Markte her zur fiebernden Verdauung.

Das schlemmt hinauf und schlemmt hinab, wie Brei.
Wie schwarzpoliert erglänzt des Asphalts Glätte.
Automobile rülpsen – Hupenschrei –
Die Trambahn kreischt: „Wo ist die Toilette?!"

Am Königsplatz beginnt die Agonie. –
Den Spießer hört man nach dem Weibchen kläffen.
Denn hier liegt Leipzigs Sexualpartie,
Wo Angebot und Nachfrage sich treffen.

Verdauung, Sattheit, Wollust, – ach, sie führen
Jedweden, der nicht grad' ein Stiefel is,
Von hier direktemang – wer will's probieren?
Ins Hauptquartier der Dame Syphilis.

Lene Voigt
UFFN HAUBDBAHNHOF

Nee so ä imbosandes Gewärche!
Das grübbld wie in ä Ameisenbärche.
De een gomm an un de andrn endschwähm,
Wohär se bloß alle's Reesegäld nähm?
Un Goffr loofn da manchesma ein,
Da ging ne zwelfgebbche Familiche nein!
De Främdn ham ofd eggsohdsche Fissahsche
Un golossal schigge Reesegleedahsche.
Hier duhn sich ooch viele Dragehdchen abschbieln.
Un wärde da gann mid'n Leidn so fiehln
Bein Abschiede un bein ledzdn Dridd,
Där grinsd vor Riehrunk allemal midd.

Lene Voigt
LUNABARGG-IDYLL

De Leibzcher duhn sich faul im Sande rägln.
Bloß manche Fraun, die missn eechal hägln.
Familchnvädr ahln sich uffn Riggn.
Un alles graddsd sich un schimfd uff de Miggn.

Heeß schdichd de Sonne wie in dr Sahara.
Im See gans draußn schwimmd de digge Glara.
Ä Jinglink sausd im Gobbschbrunk dorch de Lifde.
De Rosdbrahdwärschte sändn sieße Difde.

Zwee Fräsche goggediern uff ännr Wälle.
„Laß mich noch eenmal“ schbield de Schdrandgabälle.
De Ginder frein sich iewern Lufdballong.
Im Danzbalasd häld Ahmor Hochsessong.

Hans Reimann
WEEKEND

Meiner Vaterstadt gewidmet

Das hat England uns vorgemacht,
und wir machen es schleunigst nach –
huh, wie gut das tut!
Sonnabend Mittag hats geschnappt,
weekend dauert anderthalm Dahch,
puh – die Arbeit ruht.

Allerdings die in London hamm
(siss ähm so da ohm,
weil se seit je mitn Wasser klamm),
die hamm kein Bleißestrom.

O Gott wie scheen:

Mondschein auf der Bleiße,
das iss so mei Fall.
Und der Knoblauch duftet leise,
und die Nachtigall macht Krawall.
Kleene Micken gomm geflohchn,
auf der Wiese hubbd ä Reh;
Mit dem Stechgahn durch die Wohchn,
es genügt zur Not ä alldes Bidet.

Ja ja, die Bleiße, ja, die macht Bogen,
Und Wogen wogen, oh ...

Unser Gahn schwimmt auf der Bleiße
durch die griene gonnewidzer Flur;
bis nach Gautzsch nuff geht die Reise,
Und dann fahrn mr gemiedlich redduhr.

Das gibt zwar Blasen an den Fohdn,
ganz leise schunkelt unser Boot,
in dr Stunde knapp enn Knoten …
Seefahrt tut ähm not.
Ahoi, ahoi!
Und die Not kennt kein Gebot,
und die Seefahrt tut ähm not!
Ahoi – ahoi!

Lene Voigt

LEIPZIGER NACHTBILD

Dr Mond glänzt wie 'ne Silwerscheibe.
Ä Geechelglubb schwankt aus dr Gneibe.
Sieß weht dr Lindenduft vom Boome.
Im Zoo da brillt ä Vieh im Droome.
Am Brunn' gihlt eener seine Glatze.
Zwee Gater wolln dieselbe Gatze.
Aus änner Bar deent Geichenschbiel.
Ä Mausedieb schleicht ibern Brihl.

Erich Kästner

SACHLICHE ROMANZE

Als sie einander acht Jahre kannten
(und man darf sagen: sie kannten sich gut),
kam ihre Liebe plötzlich abhanden.
Wie andern Leuten ein Stock oder Hut.

Sie waren traurig, betrugen sich heiter,
versuchten Küsse, als ob nichts sei,
und sahen sich an und wußten nicht weiter.
Da weinte sie schließlich. Und er stand dabei.

Vom Fenster aus konnte man Schiffen winken.
Er sagte, es wäre schon Viertel nach Vier
und Zeit, irgendwo Kaffee zu trinken. –
Nebenan übte ein Mensch Klavier.

Sie gingen ins kleinste Café am Ort
und rührten in ihren Tassen.
Am Abend saßen sie immer noch dort.
Sie saßen allein, und sie sprachen kein Wort
und konnten es einfach nicht fassen.

Joachim Ringelnatz

DIE LEIPZIGER FLIEGE

Ob wohl die Fliegen Eier in uns legen,
Wenn sie so lange auf uns sitzen bleiben
Und wir sie, weil wir schlafen, nicht vertreiben?

Man sollte seinen Körper viel mehr pflegen.
Die Fliege, die mich darauf brachte,
Als ich in meinem Mietslogis erwachte,
War eine greisenhafte und ergraute,

Daß ich nur zaghaft mir getraute,
Sie wenigstens ein bißchen totzuschlagen.

Sie sterben im November sowieso
In Leipzig. (Später als wie anderswo.)
Wie können Sterbende doch oft noch plagen,
Das Alter stimmt nicht immer mild.

Sie sind unheimlich dann und boshaft wild.

Doch unter solcher feuchten Sumpfluft leiden
Alle. Leipzig hat seinen Hustenreiz.
Man sollte im November Leipzig meiden,
Nach Frankreich reisen oder in die Schweiz.

Die Fliege hat mir alle Lust genommen.
Ich bin nicht wach und bin auch nicht im Schlaf.
Als müßte ein Gewitter kommen.

Ob wohl ein Blitz je eine Fliege traf?

Joachim Ringelnatz

AN DER ALTEN ELSTER

Wenn die Pappeln an dem Uferhange
Schrecklich sich im Sturme bogen,
Hu, wie war mir kleinem Kinde bange! –
Drohend gelb ist unten Fluß gezogen.

Jenseits, an der Pferdeschwemme,
Zog einmal ein Mann mit einer Stange
Eine Leiche an das Land.
Meine Butterbemme
Biß ein Hund mir aus der Hand. –
O wie war mir bange,
Als der große Hund plötzlich neben mir stand!

Längs des steilen Abhangs waren
Büsche, Höhlen, Übergangsgefahren. –

Dumme abenteuerliche Spiele ließen
Mich nach niemand anvertrauten Träumen
Allzuoft und allzulange
Schulzeit, Gunst und Förderndes versäumen. –
Hulewind beugte die Pappelriesen.
O wie war mir bange!

Pappeln, Hang und Fluß, wo dieses Kind
So viel heimlichstes Erleben hatte,
Sind nicht mehr. Mir spiegelt dort der glatte
Asphalt Wolken, wie sie heute sind.

Fedor von Zobeltitz

EIN KOMMERSLIED FÜR DEN LEIPZIGER BIBLIOPHILEN-ABEND

Wir sitzen beisammen in lockeren Reihn
Und sprechen von unsern Zielen,
Es klingen die Gläser, es funkelt der Wein
Im Kreise der Bibliophilen.
Den Humpen stellen wir neben das Buch,
Mit dem Keimstoff, dem elementen,
Und knüpfen an unsern Bücherfluch
Ein Pereat den Abstinenten.

Wir reden, bis uns die Hirne schwelln,
Von unsern Publikationen
Und wählen trinkfeste Schriftgeselln
Am liebsten in unsre Koronen.
Es sprüht der Esprit von Mann zu Mann,
Wir reden immer gescheuter
Und feuchten dazwischen die Kehlen an,
Wie Büchner und Christian Reuter.

Auch Goethe kneipte sich gern mal fest
Auf der Bude der Mutter Straube
Und gönnte sich öfters ein Frühlingsfest
in der Apelschen Gartenlaube.
Gar manches Fläschchen ward ausgelaugt
Im Wetzlarer Ritterbunde –
Denn wer an der Musen Brüste saugt,
Der ist auch des Bacchus Kunde.

Dem Bücherfreund, einst und anitzt,
Ist ein frisches Weinchen nicht wurstig:
Der Staub, so in den Blättern sitzt,
Macht ihn alleine schon durstig.
Man ist kein Lesewüterich,
Man letzt sich in den Pausen:
So tat's bereits der Püterich

Erbherr zu Reichertshausen.
So tat's der große Kardinal
Bei der Zwovierzigzeilgen,
Der trank sechs Flaschen Clos de Val,
Dankopfer seinen Heilgen.
So tat's August von Sachsenland
In seinem Herrscherhause,
Und gleich ihm soff, wie allbekannt,
Sein Hofbuchbinder Krause.
Nie fehle uns im Buchgemach
Ein kräftigender Tropfen:
Das schätzte ich bei Griesebach
Und auch bei Schüddekopfen.
Als Maltzahn war noch jugendfrisch
Mit seiner feinen Nase,
Stand stets auf seinem Arbeitstisch
Ein Moselchen im Glase.
Der Tag ist lang und sicherlich
Nicht immer bloß erlabend:
Der Leipzger Bibliophilerich
Tagt darum nur am Abend.
Er nimmt den Spiritus zur Hand
Und fürchtet keinen Jammer,
Denn an die ird'sche grenzt die Wand
der *geist'gen* Speisekammer!

INMITTEN
DER KÄLTE
1933–1945

Anton Kippenberg

KOPFSCHÜTTELREIME EINES VERLEGERS

1
Wie könnte ach! so schön doch das Verlegen sein,
Wollt einem jeden Buche auch Merkur den Segen
leihn!

2
Wir haben oft beim ersten Lauf gehegt,
Die wir doch wieder auf den Hauf gelegt.

3
Gar mancher sich auf Adlers Schwingen setzt,
Doch hört nur, wie er statt zu singen schwätzt!

4
Laßt nur die Panegyriker leben;
Es muß auch solche Lyriker geben.

5
Zufrieden schaukelt sich in seiner Hängematte
Der Skribifax, weil er die Gunst der Menge hatte!

6
Haltet mir die Insel rein,
Lasset kein Gerinnsel ein!

Lore Mallachow

WEIHNACHTSORATORIUM
IN DER THOMASKIRCHE

Sie können nicht mehr in die Kniee fallen
Wie fromme Menschen vergangener Tage,
Sie beugen hingebend das Haupt, wenn allen
Lobsinget der Engel die Weihnachtssage.

Der Chöre Jauchzen stürzt in der Pfeiler Schwung,
Es tönt vom Gesang selbst der Stein, es flammen
die Kerzen,
Gewaltig erbraust des Domes hohe Wölbung – –
Wie Sterne fällt es in glühende Herzen.

Wie soll ich dich empfangen – – leise mahnt
Das Kreuz, toddurchschauerte Seelen beben –:
Zwischen Kreuz und Wiege eingespannt
Ist ja unser aller Leben!

Vom Feld ruft die Hirten der Engel des Herrn,
Sie knieen betend im nächtlichen Ried,
Überm Stalle steht des Wunders Stern – –
Maria singt ihr Wiegenlied.

Singt tiefsinnige Mutterseligkeit,
Geigen und Flöten weben goldene Schleier
Um des Kindes Haupt. Noch schweigt das Leid
Und jubelnde Stimmen lobpreisen der
Christenheit Feier.

Lore Mallachow

EIN ABSCHIED

Nun gehe ich zum letzten Male durch die leeren Zimmer,
Mit seltsam fremdem Laut verhallen meine Schritte –
Ich bleibe fröstelnd stehn: haltet ihr mich denn noch immer
Ihr Wände, die ihr faßtet meines Lebens Mitte?

Zu lang umschloßt ihr meines Herzens schwerstes Leid,
Ich tat euch ab wie ein zu enges Kleid,
Das nicht mehr wärmen will und nicht mehr schmückt,
Nun habt ihr sonderbar beseelt mich angeblickt.

Glänzt dort nicht ein Schimmer noch von Glückesträumen,
Klagt da nicht ein Schmerzenslaut aus qualzerrissnem Herzen?
Raunen die guten, die bittren Worte in den verlassenen Räumen,
Klingt nicht irgendwo ein Kinderlachen, ein Scherzen?

Zum letzten Male schenkt mir das Draußen den Anblick
Geliebter Landschaft, vertrauter Umwelt Gesicht – –
Dann fällt eine Tür, und es wird mir der Menschheit ewig Geschick –:
Das Leben schreitet – du findest die bleibende Statt hinieden nicht.

Lene Voigt

MEI LEIBZCH, DE SCHEENE LINDENSCHTADT

Schon unsre Dichterfärschten briesen
de scheene Schtadt am Bleißeschtrand,
wo um de Bromenade schbrießen
de Linden wie ne griene Wand.

An Sommerahmden, wenn de Blieten
so milde duften und so sieß,
will geener gern sei Schtiebchen hieten,
mit Macht lockt 's Lindenbaradies.

Da ziehn mir Leibzcher dann so gerne
rings um de Bromenade rum.
Durch Blädderdächer illern Schterne
un grießen freindlich 's Bubligum.

De Ginstler unter uns behorchen
de Seiseldeene ausn Boom.
In mancher Linde liecht verborchen
ä neies Dema. (Wollnse's gloom.)

Ich gannte mal ä Gombonisten,
där dankte eener ä Motiv.
Wenn das de andern Linden wißten,
se guckten wohl a häbbchen schief.

René Schwachhofer

MEINE STADT

Kennst du
Das Todesschweigen der Gletscher? –
So erscheint mir
Meine Stadt.
Aus den Toren der Häuser
Starren Speere;
Schwarz hängt die Sonne
Über mir –

Was tat ich?
Ich rief Kindheit, Reinheit
Inmitten des Hasses,
Inmitten der Kälte.
Ich schlug das Kreuz des Friedens
Über Märkten und Plätzen.

Barhaupt wandre ich
Im Todesschweigen
Von Verachtung und Haß.

Im Rinnstein
Der schmutzigen Gasse
Liegt zertreten die Liebe.

Peter Reimann

JENS IM KRIEG

Die Magd sitzt traurig auf der Bank,
der Jens ist in den Krieg gezogen.
Die Magd ist prall und blitzeblank
und sitzt so traurig auf der Bank:
Wer hat sie um den Jens betrogen?

Die Magd hat schon das Leben satt
und zählt erst zweiundzwanzig Jahre!
Der Mond schwimmt auf dem Kattegatt;
die Magd liebt Jens und hat es satt
und denkt: Er hat fast goldne Haare.

So sitzt die Magd und weint und weint
und hat die Händ' im Schoß gefaltet.
Wie blutigrot das Mondlicht scheint!
Die Magd sitzt auf der Bank und meint:
Ob denn der Herrgott nimmer waltet? ...

Da wird der Mond zum Feuerschein!
Die junge Magd erschrickt zu Tode –
dann weiß sie jäh: Dort muß er sein,
der Jens, in jenem Feuerschein!
Sagt's nicht der Mond, der Liebesbote?

Die Magd sinkt betend in die Knie:
Der Herrgott hat ihr doch gewunken!
Der Jens im Kriege denkt an sie ...
Da ist der Mond, so rot wie nie,
im schwarzen Kattegatt versunken.

Lore Mallachow

ERKENNTNIS

Not schreit auf – in Trümmern liegt die Welt –
Stürzend in die schicksalstiefen Schluchten
Ist die fehlgegossne Form zerschellt,
An der Dämonen frevelnd sich versuchten.

Blinden Auges und gebeugt das Haupt
Tasten wir uns durch verhangnen Raum
Eitlen Trugbilds sind wir jäh beraubt.
Der Tag ist Qual, die Zukunft schwerer Traum.

Dennoch: ewig neu will blühn die Erde,
Und die Sonne segnet heut wie morgen –
Gib dich frei und sprich auch du das: werde!
Weck die Kräfte, sie sind nur dem Blick verborgen.

Schmerz muß bestanden sein, eh Licht empor dich reißt
Und Blut entsühnet, allzu viel vergossen,
Nie ist Heil dem Menschenhaß entsprossen,
Nimmermehr mißbraucht zum Schwerte sei der Geist.

STADT,
ICH W
STAUB
1945
IN DER
OHNE!
BEZOGEN
–1961

Hildegard Maria Rauchfuss

AM FENSTER

Einmal wissen, dieses bleibt für immer,
ist nicht Rausch, der schon die Nacht verklagt,
ist nicht Farbenschmelz und Kerzenschimmer,
von dem Grau des Morgens längst verjagt.

Einmal fassen, tief im Blute fühlen,
dies ist mein, und es ist nur durch dich –
nicht die Stirne mehr an Fenstern kühlen,
dran ein Nebel schwer vorüberstrich.

Einmal wirklich finden und nicht wieder
alles geben müssen, was man hält.
Klagt ein Vogel? Ach, auch mein Gefieder
näßt der Regen, flieg ich durch die Welt.

Rolf A. Sievers

HÖCHSTE INSCHRIFT

Wenn es einst begann zu dunkeln,
sahst du sie elektrisch funkeln –
die Europahaus-Reklame,
die den Herrn sowie die Dame
glühend aufrief zur Hygiene:
Chlorodont für Mund und Zähne!

Sie erlosch. Jedoch nordwestlich
hoch vom Krochhaus übern Platz
ruft uns mahnend, ernst und tröstlich
über Trümmern tiefsten Falles,
immer noch der alte Satz:
Omnia vincit labor heißt es
auf lateinisch – und du weißt es:
Arbeit überwindet alles!

Rolf A. Sievers

AUS DEM MESSE-MUSENALMANACH 1947

Wanderer, kommst du nach Haus, verkündige dorten, du habest
uns hier liegen geseh'n wie es das Gastrecht befahl,
das dem Leipz'ger gebeut, in Zeiten der Messe dem Fremdling
einzuräumen das Bett und selbst auf der Diele zu ruhn
oder erfindungsreich in der trockenen Wanne des Bades,
das ohnehin unbenutzt, da es an Kohlen gebricht.
Dir jedoch gaben wir sie, du brauchtest bei uns nicht zu frieren:
Tratest am Abend du ein, fand'st das Gemach du geheizt.

Leipzig, liegt an der Pleiße, doch zweimal im Jahr an der Messe –
dieses geflügelte Wort hat sich aufs neue bewährt:
Trotz des arktischen Frosts – er schlug uns mit weißlichem Zahne,
setzten wir pünktlich zum Tag Hallen und Häuser instand,
zeigten in Ständen und Kojen die Güter aus allen vier Zonen –
selbst den „eisernen Vorhang" gab's im Theater zu sehn.
Eins nur fehlte am Ort: die Herren Föderalisten;
denn wer die Messe besucht, hat für die Einheit gestimmt.

E. B.

STERNBLÜTIGE MAGNOLIE

Leipziger Palmengarten

Der Blüten makelloses Porzellan,
so zart, als könnte es ein Hauch zerstören,
scheint reineren Bereichen zu gehören,
Geschenk von Göttern, die sich lächelnd nah'n

aus ew'gen Gärten, überirdisch rein,
die dunkle Welt mit Schönheit zu verklären,
doch wie kann solches Wunder ewig währen?
Im Reif der Nacht vergeht ihr kurzes Sein.

Doch bleibt ein Silberduft, ein Saitenklang,
ein Trost, ein heimlicher, im herben Leben,
er will bedrückten Herzen Freude geben,
des Frühlings erster scheuer Lobgesang.

Stadt, in der ich wohne! Staubbezogen

Friedel Hönisch

MEINE 2 GROSSEN WINSCHE

Es gibbt noch Sachen, die mich schder'n
Un die ma missd'n andersch wer'n!
Vor allem denk ich dadrbei
blos erschdema an zweierlei:
Erschdensma – un das is wichd'ch –
Nich blos blanen! – Nee, ooch richd'ch!!
Dass mor iewerall das grichd,
Was mor brauchd! – Das is doch nischd,
Das mor in där een H.O.
Mass'ch Gäse grichd un so,
Brauchsde awer Nachdhemdschdoff
Herd dor Schbass glei widder uff!
Mor muss – will mor's'ch sowas goofen
In ä andres Verdel loofen!
Dord siehsde in cheder Egge
Nischd wie Seefe bis zur Degge!
Deine Oochen wer'n wie Gnebbe
Hier gibbd's nischd wie gleene Debbe!
Iewerall da gugg mor, schdeh mor,
Gäb's nur ooch ma so viel Eemer!!
Erbsen grichsde nachgeschmissen,
Nu mechd'ch ma den Laden wissen,
Wo'ch ma weisse Bohn' grich!
Den entdeckt'ch bis chetz noch nich!
Herrenräder gannsde goofen!
Blos mir Dam', mir derfen loofen! –
Ihr missd, lassd's Eich ma erzähl'n,
Besser blan'n un richdch verdeel'n!!
Zweedens missdn nu vor allen
Ma de Zonengrenzen fallen!
Cheder hadd doch driem Begannde!
Fritze sehnd's'ch nach Gölln, zur Dande!

Ardur mechd nach Hamburch flitzen
Gonrad hadd in Bonn een sitzen!
Ja, das Scheenste wäre noch
Nämlich wenn mor endlich doch
Nich mehr hin – un her blos zerrd
sondern nu ma eenich werd!!
Frieden bleibd! Besatzung gehd
Un mir dann in Eenichgeed
Unsern Dregg alleene machen!
Ginder, was, da gennd mor lachen!!!

Friedel Hönisch

FEINE ZEIDGENOSSEN

Jedesma' – wenn'ch vor dor H.O. –
de Leide schdehn seh un so,
da fang'ch erschd langsam an zu schdehn
Dann einzugnigg'n mid'n Been'
Un dann verdreh'ch ungeloochen
Midleiderrächend meine Oochen.
Dann gommd – weil nu de Leide guggen –
Mei Glanzschdigg – s'nerveese Zuggen.
Das siehd's'ch doch geener gerne an
Um meisdens gomm ich nu glei dran.
Doch heide mussd'ch mich mächd'ch bemiehn
Un sämdliche Regisder ziehn!
De Leide ham doch gee Gemiehd
Se guggen – awer abgebriehd.
Merg'ch sowas – bin'ch ooch nich dumm!
Wenn garnischd nizzd – da gibb ich um!
Un wie Musieg dringd's in mei' Ohr:
„schnell, lassdema die Dame vor!" –
Da meende heide eene mid Gemiehde:
Du hasd wohl Griesbrei in dor Diede?!!
Dich genn'ch, Du denksd wohl, mir sin dumm?!!
Du gibbsd che aus Gemeenheed um!!!"
Un gnalld mir baar uff de Berigge
Dass'ch richd'ch nu in de Beene gnigge!! –
Un wie'ch nu nischd sah vor dor Berne
Wie Feierwerg un gleene Schderne
Da gahm Erleichdung uff die Weise
In mei' zerbeildes Denkgeheise!
S'nächsde Ma – schdellds'ch an – dachd'ch leise –
Nie widder – – – – „schlaachende" Beweise!!!!!!

Georg Maurer

GROSSTADTFRÜHLING

Der Frühling mit seiner Palette
ist durch die Straße gestürzt.
Er hat ihre steinerne Glätte
mit Gelb und mit Grün gewürzt.

Er verließ die Straßenbahngleise
und sitzt fast mitten im Wald
und schmiert zu Seiten der Schneise
das Grün und drüber Kobalt.

Doch dann am gefleckten Wasser im Winkel
malt er sich selbst, ganz wie er sich sieht,
verloren, ohne Absicht und Dünkel
und fühlt, wie er durchsichtig erblüht.

Heinz Rusch

DER SPIELPLATZ

Hier stand das Haus, in dem
ich gewohnt habe.
Ein Vogel fliegt
mitten durch meine Erinnerung,
durch die gesunkenen Mauern hindurch
in den offenen Himmel.
Kein Brandgeruch weht mehr,
kein Rauchwind.
Wo das Haus war,
wächst jetzt das Grün
und atmet,
und auf dem Rasen
spielen Kinder Fußball …
Und steigend und fallend
scheint der Ball
die Höhe des Hauses zu messen,
das einst hier stand
und in dem ich gewohnt habe.
Ein Junge schiebt mich fort,
ich bin ihm im Wege.
Und wieder steigt der Ball,
steigt und fällt,
und die Stimmen der Kinder hör' ich
wie das Rufen der Schwalben
um Giebel und Dach.
Und gegenüber wächst das Hochhaus
unwiderstehlich
in das klare Blau des Nachmittags.

Heinz Rusch

AUF DEN JUNGEN BAUPLÄTZEN

Wenn die ersten Steine gesetzt,
die ersten Bäume gepflanzt werden
auf den jungen Bauplätzen,
wachsen schon die Wurzeln
unseres reicheren Lebens.
Und die Häuser, die nach Sonne rufen,
werden das Licht trinken,
erfüllend die lange genährten Träume:
dem Kinde die fettere Milch,
das süßere Brot
und die grünen Plätze der Freude.
Behängt mit Sternen der Himmel,
unwandelbar,
aber unter ihm die wachsende Stadt,
die wir selber verwandeln
mit Händen und Herzen,
wir alle –
wenn begonnen wurde,
die ersten Steine zu setzen
und die ersten Bäume zu pflanzen
auf den jungen Bauplätzen.

Dieter Schneider

HEUTE TANZEN ALLE JUNGEN LEUTE

Heute tanzen alle jungen Leute
im Lipsischritt, nur noch im Lipsischritt.
Heute haben alle jungen Leute
den Lipsi gern, er ist modern.

Wir gehen heute abend ins Tanzlokal,
da war es jedesmal so schön.
Weil mir dieser Tanz so viel Freude macht,
tanz ich die ganze Nacht, aber nur mit dir.

Heute tanzen alle jungen Leute
im Lipsischritt, nur noch im Lipsischritt.
Allen hat der Tanz sofort gefallen,
sie tanzen mit im Lipsischritt.

Rumba, Boogie und Cha-Cha-Cha,
davon war schon so vieles da,
darum hatte sich auch ein Mann
so einfach über Nacht
diesen neuen Rhythmus erdacht.

Wir gehen heute abend ins Tanzlokal,
da war es jedesmal so schön,
weil mir dieser Tanz so viel Freude macht,
tanz ich die ganze Nacht, aber nur mit dir.

Heute tanzen alle jungen Leute
im Lipsischritt, nur noch im Lipsischritt.
Allen hat der Takt sofort gefallen
Sie tanzen mit im Lipsischritt.
Sie tanzen mit im Lipsischritt.

Walter Werner

DIE STADT

Ich liebe dich, Stadt.
Umarmung, die mich wachsen ließ
im weichen Polster der Galerien,
auf den Stühlen der Pavillons,
in den Hörsälen und Hallen,
den Warteräumen der Reisebüros
und im Neonlicht der Passagen.

Man sprach, du seiest ein Labyrinth
aus Ruinen und Hinterhöfen,
ein Versteck düsterer Gaslaternen.

Ich aber sah dich anders, Stadt.
Kiosk und Litfaßsäulen klärten mich auf,
waren Wegweiser, die mich hinführten
zu den schnellwüchsigen Häusern,
denen man keine Schornsteine mehr
setzen wird.

Schaufenster gab es viele.
Die schönsten aber erblickte ich
in den Augen der Menschen.
Auf ihren Lippen sah ich
die echoumfluteten Mauern brennen
und blieb immer nahe
dem Läutwerk der Schaffnerinnen,
das am Morgen den Schlaf verscheuchte
aus den Rinnsteinen der Innenstadt.

Wie das Meer in den blauen Fjorden
lag der Himmel auf First und Gesimse,
geblendet von dem jagenden Rudel
aus Lack und Plexi.
So ging ich hin im Wettlauf
der schnellen Atemzüge
und sah der alten Firmenschilder
ausgeblichenes Schriftmaß schwinden
und fand's verändert wieder
in den hellen Nächten,
wenn der bunte Lichtkomet
im Putz der Wände blitzte,
und ich den Träumen begegnete,
den leisen
hinter den stillen Fassaden
und den lauten
im Stromkreis der Maschinen.

Achthunderttausend Namen
hat diese Stadt.
Achthunderttausendmal spricht sie sich aus
im Wechsel zwischen Haß und Liebe.

Walter Werner

AM HAUPTBAHNHOF

Sperrzäune, rot-weiß,
tischhoch gelattete Grenzen;
weiß-rote Fluchten,
beweglich und leicht
vor den schweren Gerüsten.
Von den Koffern gestreift
und von Träumen überstiegen.

Menschen drängen dazwischen,
hängen für Sekunden
aufsteigende Blicke
an die turmhohen Tribünen.

Ließen die Bahnsteige
nur etwas Zeit,
möchte man helfen herabzuschälen
das Gebälk
von den nackten Säulen,
die man steigen sieht,
wo die kantigen Holztürme fielen.

Stadt, in der ich wohne! Staubbezogen

Bernd Jentzsch
STADT IN DER ICH WOHNE

Stadt, in der ich wohne! Staubbezogen
grüßt die Haut der Häuser ihre Gäste,
und im Ruhm der grauen Flächen klaffen
Fenster: Augen hin zum Blau des Himmels.
Ungleich reiner weht der Wind im Süden.

Meer, in dem ich wohne! Wie erstarrte
Wogen stehn die Häuserzeilen um mich.
Fluch und herber Kuß von einem Munde:
Stadt, ich hasse dich in großer Liebe!
Reiner weht der Wind in keiner Gegend.

Bernd Jentzsch
EINE SAGENHAFTE STADT

Die Laternenlandschaft wird
vom Geruch aus Öl und Gas durchwoben.
Bäcker backen hier mit Mehl.
Und der Regen fließt herab von oben.

Die vom Schauspielhaus der Stadt
lesen ihre Rollen vor den Proben.
Kinder spielen hier mit Sand.
Und der Schulbub will mit Freunden toben.

Wenn es Nacht wird, sieht man nichts
in den Straßen ohne Gaslaternen.
Tischler hobeln hier auf Holz.
Vor dem Ruhm spricht der Chirurg vom Lernen.

H

VERSUCH ES
MIT DER KLEINEN
LIEBE
1961-1989

13

Volker Braun

ZUEIGNUNG ZUM ZYKLUS FÜR DIE JUGEND

Bleibt ruhig, Bürger! Die Jugend gibt ihren Einstand:
Die Schornsteine stellen wir auf zwecks bester
Akustik für Verse.

Bleibt unruhig, Leute! Wir brächen nichts vom Zaun,
Wenn nicht die Kraftwerke Schalungen nötig hätten
und Zahnstocher.

Spionageminister – hier steht das Geheimnis des Ostens:
Vorm Tag X ein U wie UNMÖGLICH! (Lesen Sie auch
Mickels Choräle)

Brüder in Christo! jetzt kömmt die Versuchung: leistet euch
Mehr denn den Leib des Herrn (wir senken auch wieder
die Preise)!

Wirtinnen, alle ihr guten Willens von
Plagwitz bis Engelsdorf:
Daß ihr kulant auswieget Abstinenz und
Leichtsinn der jugendlichen Mieter!

Literaturkritiker, spart die Analysen! Wir sind
keine Lyriker mehr,
Wir sind Gedankengroßhändler, für uns
ist der VEAB zuständig.

Generationsproblematiker: der Braun z.B. ist
grau wie Methusalem und
Noch gar nicht geboren, wenns sein muß.
Keinen Verfolgungswahn bitte.

Universitätseigne Gouvernanten! sucht
die Dekadenz im Kehricht.

(Wünscht da wer Büstenhalter noch
im Afrikanischen Ballett?)

Ministerium, schließ deine Mappe: das sind
parteiliche Verse.

Hildegard Maria Rauchfuss

KLEINE LIEBE ZU EINER GROSSEN STADT

Ich heiße Lipsia und bin als Dame
seit fast achthundert Jahren weltbekannt,
in meinen Armen macht die Welt Reklame
mit Mustermessen und so allerhand.
Manch Messeonkel schläft an meinem Busen,
– die Leipz'ger Mädchen sind 'ne Messe wert –,
doch kann man auch bei mir mit Musen schmusen,
denn hier hat Goethe Gretchen aufgeklärt.
Versuch es mit der kleinen Liebe
zu einer großen Stadt,
wer weiß, wo die Liebe bliebe,
wenn man nichts mehr zu lieben hat.

Ich züchte Löwen sowie junge Dichter,
wobei das gute Futter wichtig ist,
vom Gas stell ich mich endlich um auf Neonlichter,
vom Leipz'ger Lipsi spricht man nicht beim Twist.
Von meinen Mauern locken noch Plakate
zum Turn- und Sportfest – so nur bleibt man fit –,
der letzte Kayser, mein Theaterpate,
droht mit dem „Faust", nicht dem „Millionenschmidt".

Versuch es mit der kleinen Liebe
zu einer großen Stadt,
wer weiß, wo die Liebe bliebe,
wenn man nichts mehr zum Streicheln hat.

Ich habe Bars, wo die Berliner hocken
bis früh um fünfe, und die weiße Maus,
die macht sich noch viel früher auf die Socken,
denn im Verkehr kennt sich kein Mensch mehr aus.
Man leitet um – nur so lernt man mich kennen –,
wer an mein Herz will und zu „Moden-Chic“,
gerät ins Scheibenholz zum Pferderennen.
(Man braucht nur Geld für Tickets oder Tick.)
Versuch es mit der kleinen Liebe
zu einer großen Stadt,
wer weiß, wo die Liebe bliebe,
wenn man nichts mehr zu meckern hat.

Und fehlt mir einiges zum Messeknüller
(Hotels sind leider immer noch sehr rar),
so krümmen meine scharfen „Pfeffermüller“
doch manches glatte Bürokratenhaar.
Meine Devise: höher, schneller, weiter
gilt seit der Völkerschlacht. Und mit Geduld
erklimm ich langsam meine Weltstadtleiter,
– Napoleon ist nicht an allem schuld!
Versuch es mit der kleinen Liebe
zu einer großen Stadt,
wer weiß, wo die Liebe bliebe,
wenn man nichts mehr zu lieben hat.

Helmut Bartuschek

NACH GETANEM WERK

in memoriam Johannes Bobrowski

Zeitsichelnd,
Die Schwalbe nimmt
Ihren Ernteschrei
In den nächsten Sommer
Hinüber,
Metallisch klingend –

Spanabhebend:
Ein funkelndes Werkstück,
Ein Facharbeiter kann es nicht besser
Mit dem Zirkel, dem Mikromesser,
Ihm bündige Runde gebend,
So auch er,
Der Dichter,
Seinen Strophen
Von den unaufhörlich
Um die eherne Achse kreisenden
Drehbänken
Der Erde –

In das Ganze
Des so montierten
Werk-Aggregats
Der glashellen Hallen des Lebens
(...Jeder an seinem Montage-Platz...)
Eingefügt,
Eingepaßt
In die ›Lehre‹
(Das ›Hohlstück‹ zuvor),
Präzise,
Auf die Stunde genau,
Gefertigt
Unter menschlichem Pfeifen,
Des der es zu machen versteht –

Es ist so wie es ist: es stimmt!

Wie spät? Wie früh?
(Nach Johannis nehmen die Tage
Einen Hahnenschritt ab,
Und um Mariä Geburt
Ziehen die Schwalben furt,
Sagt das Volk, Tausendjähriger Kalender –)

Feierabend, für jeden dämmert er
Anders, aber nach getanem Werk,
Schieferdachgrau, Ewigkeitsblau,
Ausruhens-gut,
Wohlig und weit, daß man sich
So lang man ist ausstrecken kann,
Oder so kurz, unter dem Arbeitshimmel
Der Nacht, der getanen Zeit –

Werkmann, Dichter.

Volker Braun

IN MEINEM ZIMMER

Ich wohne zu ebener Erde:
Wo die Straße wohnt am Boden der Stadt.
Im kleinsten meiner Zimmer mit den gekalkten Wänden
Bin ich vergraben nach Mitternacht, des Salpeters
Mauerblume blüht mich ein ins betäubende
Dschungel des Altbaus. Und die Bücher
Der großen Revolution, Abenteuerberge (winterlich
Unterm Ruß und Rauhreif im Winter), such ich
Nach Freude ab: den Bächen der hohen Gebirge.

Und auf den Meeren der Freude
Kehre ich morgens heim, ein Kolumbus, und schleudre
 das Fenster
Auf und rufe die Leute des Hauses: ihnen zu berichten
Von Abenteuern. Und meine Fenster
Halten die Straße nicht: ausgestreckt zerrt sie
An einem staubigen Platz, hinter hellen Häuserrücken
Hervor schleift sie ihn her, der die Stadt
Mitreißt: mit vielem Asphalt und Brücken zäh in der
 Landschaft
Hängt die im alten Boden, in den Platz verkeilt –
Doch die Straße, mit unnachahmlichem Griff, greift blank
Wie der Arm meines Auges ins träge Blickfeld,
Der Platz ihre Faust schon, packt sie die zögernde Stadt,
Die Stadt schon der Stein in der Faust, schleudert sie ihn
 mir her
Ins kleine gekalkte Zimmer.

Und die Straßen kommen zu mir und der staubige Platz,
Der schiefe Gemüsewagen, die rissige Bürgerfassade,
Die Ruinen und der zimperliche Kirschbaum,
Die bunten Häuser oder wenigstens Vorstellungen

Von ganzen Armeen bunter lustiger Häuser,
Die Flüche und der kleine graue Hund und der Lärm,
Der alte blutige Boden ist mir nah und die Wünsche
Vieler Geschlechter, die junge Frau mit
Den freundlichen Brüsten und dem schweren Leib
ihrer Erwartung:
Ihr besonders berichte ich vom Zeugungsschmerz
gläubiger Tiere,
Von der Kopflage der politischen Ökonomie und der
endlichen Entbindung
Des ersten normalen Menschen auf Erden,
Die ganze Stadt kommt herein mit ihren Sorgen,
Hält mir ihr Gesicht hin, das warm ist
Wie eine Wiese – dann ist es das ganze Land:

Leuchtend und warm und in kaum spürbarem Beben
Unter den Schritten der Leute. Die
Laufen in die Geschäfte und Fabriken und Kinos,
Kommen heraus und verteilen sich wieder in
Unaufhörlichem Treiben, doch ohne Eile,
Wie auf der Bühne nach genauem Plan und Ermessen
Und mit lebhaften Gebärden. Und mitten
Unter ihnen gehe ich, wie sie und
Immer noch redend, und bin
Im kleinen gekalkten Zimmer.

Adel Karasholi
WENN DAMASKUS NICHT WÄRE

Vor meinem Fenster
Steht ein Baum, den
Vögel bewohnen. Vertraut
Begrüßen sie mich am Morgen.
Betrachtend den weichen weißen Schnee,
Sitze ich hinter meinem Schreibtisch
Geborgen von Wärme.

Nicht mit Feuer heilt man mir die Wunde,
Nicht mit Staub.
Und an der ersten Ecke
Erwartet mich nicht die Damaszener Klinge
Der Ratlosigkeit von Obdachlosen und
Von bettelnden Kindern.
Und der Scharfrichter nicht, der mir
Entgegenkommt
Mit seiner netten zufriedenen Miene,
Abzuschneiden vorerst nur
Meine freche Zunge.

Hier lebe ich,
Wo die Wünsche
Nicht hoffnungslose Träume sind.
Freundlich sind mir viele Gesichter,
Vertraut wie der Vögel Gruß.
Und wenn du Damaskus, du
Meine wilde, meine zärtliche Stadt,
Du Salz und Wasser auf den Stirnen,
Rose im Herzen,
Ach
Wenn du nicht wärst
Irgendwo auf der Schale der Erde,

So weit und so nah,
Wenn du nicht wärst,
Nirgends leben wollte ich,
Nirgends sterben
Als hier.

Günter Bruno Fuchs
AUS FREUNDLICHEN BÜCHERN

für Carl Hanser

Als in den Parkanlagen
vor dem Leipziger Hauptbahnhof
am siebten Januar 1930
abends
zwischen 21 und 22 Uhr
im Schein
zahlreicher Laternen
die erste Amsel
klangrein, erfindungsreich
und sehr begabt
einen Menschen ergötzte, der
sein Leben lang
Bücher gebunden, einen thüringischen
Handwerker, pensioniert (er wollte
eine Fahrkarte lösen zu seinen Enkeln
nach Jena), sah er
sich um, sah
den ersten
Tag seiner Lehrzeit, den Singvogel
sah er, die Amsel
steigen
aus freundlichen
Büchern.

Georg Maurer

HEUTE

Schräg fällt's vom Stern mir
ins Zimmer.
Es ist das Bett nicht und ist nicht mein Tuch.
Es ist mein Frühstück, mein Mittag- und Abendbrot
nicht.
Es ist die Lebenszeit nicht. Es ist dies alles
und mehr.
Ohne es könnt ich nicht leben.
Durchdring mich, du, was vom Stern fällt!
Dich liebt das Denken,
doch nicht weil das Denken dich liebt, bist du.
Mein Leben lieb ich,
und weil es mir lieb ist, leb ich.
Aber weil es ein Mehr gibt als meine Liebe zum Leben,
stammle ich: Wirklichkeit, die von Stern zu Stern fällt,
die heutige, meine!

Helmut Richter

IN DER DEUTSCHEN BÜCHEREI

Wir saßen häufig in derselben Bank.
Oft waren wir die letzten, die den Raum verließen.
Und manchmal wagte ich es, sie zu grüßen:
dann nickte sie mir freundlich einen Dank.

Und wenn sie über ihren Büchern saß,
Den Kopf ganz leicht geneigt zum Lesen,
War mir, als sei das immer so gewesen,
Daß ich ihr zusah, wie sie las …

Helga M. Novak

GAMMLER VON LEIPZIG

du ißt die sauren Äpfel deines Landes

schöner Knabe mit den langen Haaren
mit den verglasten Blicken
mit dem laschen Mund
schöner Knabe mit den langen Nägeln
gräbst du Höhlen
in den zwanzigfach gesiebten Sand

und ißt die sauren Äpfel deines Landes

schöner Knabe mit den langen Bändern
die verflochten mit den Saiten
Schrei aus Liedern machen
schöner Knabe sitzt in stummen Rudeln
auf den Treppen auf den Mauern
und kandiert mit Lethargie

iß du die sauren Äpfel deines Landes

Peter Gosse

AN DEN RAT DER STADT LEIPZIG

Nicht, daß ich dafür plädiere,
miesepetrigen Wolken Buntfilme aufzuprojizieren
oder mindestens Regenbögen.
Oder, sagen wir, Oboen anzuschließen an die
Stadtgasleitung,
daß ständig Tonschmelz das Straßenbahnkreischen
niedermacht.

Doch stellt euch vor:
Auf dem Leuschnerplatz eine Baute,
Regenschutz dem Neurathausturm,
große Schwester der E-Werk-Esse.
Konzerthalle, Kreißsaal oder Welthandelshaus,
doch wichtig:
Verjüngungen, die hell wach machen,
Verspottung der Schwerkraft,
Fata Morgana, die sich anfassen läßt.
Nehmt mal die Brille ab, vorstellt euch: Antibunker,
Kurplatz für Liebeskummrige,
Sinfonieersatz für Gehörlose.
Augenweide selbst für Bewohner Brasilias,
Mekka der Wright-Schüler, Indiz:
Auch Kommunisten verstehen zu bauen,
ja, handgreiflicher Beweis: ein Pfundsjahrtausend
doch noch,
dieses zirka tausendunderste der Menschheit,
stellt euch so ein Gebäude vor.
Und stellt Projekte zur Abstimmung aus.
Wie gesagt aber wesentliche Projekte,
nicht mit güldnen Zentralhäubchen nebst vieren
Turteltäubchen.
Stellt sie aus an den Straßenkreuzungen, an den
Haltestellen

und haltet Baugerät bereit.
Denn nur wer nicht will, darf nicht von der Partie sein.
Ich beispielsweise will mitmischen fünf, sechs Abende
wöchentlich.
Ich bring noch ein Dutzend mit,
Hemdsärmelige, denen's nicht ist um bißchen
unbezahlten Schweiß.
Wenn wir loslegen, ist das übrigens
ein sehenswertes Gewimmel.

Georg Maurer

SCHÖNHEIT

Bäume im Rosental! Ihr überlebt mich.
Aber ich hab euch genannt. Und findet ein Enkel
im Antiquariat einen Band, holzfrei,
so findet er das Holz, wo ich wandelte –
und geht meine Wege. Und rührt ihn, was mich berührte,
so daß ich euch nahm in mein Leben,
als hätten wir einander geboren, euer Grün mein Auge,
mein Aug euer Grün – dann, dann, ihr Bäume,
sieht er mich sitzen unter eurem milden Feuer
und sagt: wo stürzten die Kriege hin? Wohin seine
Gebrechen?
Was trug ihn die Geschichte zu mir, als säß er
neben mir? – Und mein geneigter Leser
wird durch das Gesperr der Äste die Vögel
leicht fliegen sehn, als wär kein Hindernis für ihre
gefiederte Spanne. Und er wird sinnen und sagen:
Sieh! er geschah durch die Geschehnisse hindurch
und geschieht darum immer.

René Schwachhofer

SPÄTE HEIMKEHR

Meine Straße trägt
Einen anderen Namen.

Mein Haus zeigt
Einen frischen Anstrich.

Kinder winken
Aus seinen Fenstern.

Im Hof die alte
Linde steht noch.

Wolfgang Hilbig
GESTE

bevor du einschläfst sprach sie schließ das fenster
in der küche wegen des winds da draußen und ganz
in ihrem duft noch ging ich und dachte nirgendwo
ist eine mütze voll wind

durch den hof fuhr ein geheul und krachend
schlug eine leiter um die gardinen sausten
reißend ins freie und ich dachte nirgends
nur eine nase voll wind

während ich dies dachte rüttelte die nacht
an den bäumen mit schweren tropfen vermischt
alle blätter jagten sich wirbelnd in die luft
und ich sagte mir es ist nichts

nichts nirgendwo ein mund voll wind
ich setzte mich an den tisch wie auf einem boot
das haar stürzte mir in die stirn und ich dachte
ach nirgends nur ein mund voll wind.

Wolfgang Hilbig
ABWESENHEIT

wie lang noch wird unsere abwesenheit geduldet
keiner bemerkt wie schwarz wir angefüllt sind
wie wir in uns selbst verkrochen sind
in unsere schwärze

nein wir werden nicht vermißt
wir haben stark zerbrochne hände steife nacken –
das ist der stolz der zerstörten und tote dinge
schaun auf uns zu tod gelangweilte dinge – es ist
eine zerstörung wie sie nie gewesen ist

und wir werden nicht vermißt unsere worte sind
gefrorene fetzen und fallen in den geringen schnee
wo bäume stehn prangend weiß im reif – ja und
reif zum zerbrechen

alles das letzte ist uns zerstört unsere hände
zuletzt zerbrochen unsere worte zerbrochen: komm doch
geh weg bleib hier – eine restlos zerbrochne sprache
einander vermengt und völlig egal in allem
und der wir nachlaufen und unserer abwesenheit

nachlaufen so wie uns am abend
verjagte hunde nachlaufen mit kranken
unbegreiflichen augen.

Kristian Pech

EXEMPLARISCHER NACHMITTAG MIT H.

Ich find mich ein im amtszimmer
Unter der rathausuhr wunderblau
Wo weißbekittelt träume einhergehn
Der neueste ist der von der wiese
Mit pechnelken und sauerampfer
Zwischen den aufsteilenden häusern
Des zentrums, verrät die ich abhole
Die mich küssen wird im paternoster
Und sie sagt: heute ging wieder
Ein graues haus aus unserer stadt
Wir wollen ihm eine grabrede halten
Eine lustige natürlich nun komm
Und sie sagt: eingeladen bin ich
Zu ganzen drei rüstfesten heute
Sie schlägt dann den bauleuten
Auf die gebräunten rücken trinkt
Schnaps der sehr wie selbstgebrannt
Schmecken soll und lacht männern
Auf ganzen drei rüstfesten heute
Je eine denkwürdige halbe stunde
Und ich steh auf der traumwiese
Mit pechnelken und sauerampfer
Zwischen den aufsteilenden häusern
Des zentrums und hab ne trockene
Kehle und mach ein eifersüchtiges
Gesicht das mag sie außerordentlich
Die für neue träume atem holt

Andreas Reimann

BEETHOVENSTRASSE ZWEI A

Zwei körper lang die zelle. Breit: drei schritte,
wenn einer kurz tritt. – In des hohlraums mitte
auf einem vielbesessnen schemel hockt
die nummer krumm, verängstigt und verstockt.

Die wandfarb', pah!, erfand ein grünkohl-kacker!
Der holzwurm mulmt sich durch das brett-bett wacker.
Glasziegel vor der luke. Und wenn's wintert,
dann ist der heizer leider dienst-verhindert.

„Aufwärm dich beim verhöhr!“: Im zahnputzbecher
des morgens ein zylinder eis. „Kein wort
wirst du dir hier notiern, du schreib-verbrecher!“
Und neben dem spion stinkt der abort.

O umsicht!: freßnapf und besteck aus plast!,
daß auch nicht aus dem leben flieht der gast …

Gerulf Pannach

LEIPZIGER MESSE KEIN LOBGESANG

In Leipzig ist zweimal im Jahre
Ein Jahrmarkt – die ›Messe‹ genannt
Dann nehm ich meine Gitarre
Wie ne Wünschelrute in die Hand
Und manchmal find ich eine Quelle
Die heißer ist als der Vesuv
Zum Beispiel hinter der Schwelle
Der Gastwirtschaft ›Thüringer Hof‹

Ein Jüngling trug keine Krawatte
Drum kriegte er auch keinen Platz
Doch weil er sowas nie nötig hatte
Machte er mächtig Rabbatz
Und er wollte sich beschweren
Ich spendierte lebhaft Applaus
Denn ich sah grad den Film ›Blutge Erdbeeren‹
Der Kneipenchef warf uns hinaus

Da wollte ich Honecker heißen
Den Gastwirt hätt ich degradiert
In mir brannten glühende Eisen
Und die Gitarre wär fast explodiert
Doch bei den doppelten Preisen
Die man zur Messe bezahlt
Da kann's vor den Kneipen nur heißen:
Jugendfreund, bleib auf dem Asphalt!

Die Gastvertriebsstätten im Rücken
Traf ich auf dem Sachsenplatz
Ein Mädchen mit Schlafzimmerblicken
Das angelte nach einem Schatz
Nach Tagen erst sah ich sie wieder

Und merkte, ihr Schatz war kein Herz
Sie wirkte viel emanzipierter
Im Mercedes-Sport und im Nerz

Warum gibt's die schönsten Klamotten
Auch nur in den Intershops
Dort gibt es, das ist nicht zum Spotten
Sogar die schmackhaftesten Drops
Warum wird aus unserem Löwen
Zur Messe der ›Leipziger Mops‹ –
Ein Tier, das geübt ist im Kläffen
Um westliche Würste und Klops?

Zur Messe gibt's also auch Ware
Von unserem Fleische und Blut
Das sang ich zu meiner Gitarre
Darauf ging die Ärmste kaputt
Und weil sie nun war ne Kaputte
Fand ich nicht mehr, was mich betrübt
Quellen, ohne Wünschelrute
Doch sicher ist, daß es sie gibt

Abgesang:
Ach Leute, wenn ich hier nicht lobe
Dann sagt nicht, ich läge verkehrt
Es geht doch nicht um die Gardrobe
Die wär soviel Worte nicht wert
Es geht doch um unsere Größe
Die manche noch messen nach Mark
Das macht viele Leipziger böse
Und den Sozialismus nicht stark

Reiner Kunze

ERMUTIGUNG NACH 200 JAHREN

(auf dem heimweg von einem orgelkonzert)

Zu füßen gottes, wenn
gott füße hat,

zu füßen gottes sitzt
Bach,
          nicht
der magistrat von Leipzig

Dieter Mucke

GEDICHT AUF EINEN KLEINEN GRASBEWACHSENEN BERG AM STADTRAND LEIPZIGS

Vor nicht allzu vielen Jahren
In der heißen Winternacht
Haben fleißige Piloten
Diesen Haufen Dreck gemacht.

Tonnenweise fiel der Phosphor
Fielen Bomben ohne Zahl.
Manche waren rund wie Flundern
Andre wieder lang wie Aal.

Als den Fliegern leichter wurde
Heulten die Sirenen laut
Langgezogen, so wie Hunde
Heulen, wenn sie jemand haut.

In der alten Mietskaserne
Hatten zwanzig Mann gewohnt.
Neunzehn Leichen grub man aus
Ja, die Bombe hat gelohnt.

Eine Frau war nicht zu finden
Nur ein Finger und ein Ring
Mit dem Monogramm derselben
Der an einem Haken hing.

Julius Becke

BESUCH IN LEIPZIG

I.

Hier geht der Kickerlingsberg
wie du siehst
den Zoo entlang

Die Dämmerungen am Fenster
haben mir die Pfaue eingeschrien
in ihren schönen Fächern

In der Frühe an Sonntagen
versammelten sich hier SA-Stürme
durften wegtreten
in die Knie knicken
in die Hosenschlitze fassen
die braune Brühe
floß übers Pflaster
auf die Gossen zu
da unten
Nun sind's Gespenster

Die schönen Vögel
sind mir in den Ohren
Ich wollte mich so aufspreizen
und schrein

II.
Hier auf diesem Bordstein
bin ich heimbalanciert
mittags
Fuß um Fuß

Hier im Rosental
wenn Frost war
habe ich Kreise gekratzt
ins Eis
um die Mädchen herum
wenn's dunkelte

Vor diesen Schrebergärten
habe ich stillgestanden
bin abgezählt worden
und habe nichts bedauert
als die Stadt glühte

Grau Mutter
im Koppelzeug
verließ ich dein Haus

Und du mußt doch
etwas
gesagt haben

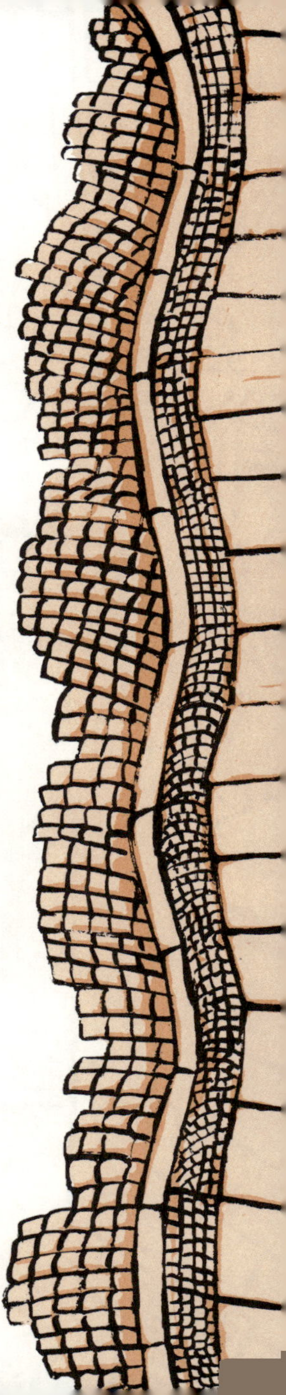

Ulrich Berkes

ZIMMER

Morgens schon geht es los mit dem lärm, die lastwagen lassen die zimmer erzittern, zweihundertjährige wände aus lehm. Das licht dringt ein und macht mich wach in der kammer, ich geh in den hof, dort ist der abort.

Der schornsteinfeger kommt, der müllmann rollt die tonne durch den gefliesten hausflur; es klingelt, die postfrau bringt dringende briefe, oder freunde sind da, manchmal sitzt bloß ein weißer kater auf meiner maisstrohmatte.

Der staub stiebt zwischen die fensterritzen, schwärzt die gardinen, aus dem ofenloch fliegen rußige flocken auf die hefte mit gedichten. Das wasser zum waschen, für grünen tee hole ich unten vom ausguß im flur.

Der holzwurm bohrt die knarrende treppe an, ab und zu bröckelt putz; die straßenbahnen rasseln den ganzen tag, nach mitternacht singen die betrunkenen, wenn die berüchtigte bar gegenüber ihre letzten gäste entläßt.

Uwe Kolbe

AUF EIN PAAR ALTE BEKANNTE

Wir sind um Mitte Zwanzig, sind viele und denken scharf.
Wir haben keine Fragen.
Täglich wächst die Bereitschaft in unseren Reihen, den Kampf aufzunehmen.
Wir machen kein Hehl daraus; lüstern schweifen die Blicke in künftige Räume der Freiheit.
Die Sinne schärft uns Frank Zappa, der uns so gut versteht, der so irre ist, wie wir sein wollen.
Zwischen den Weinflaschen vor, mit unterlaufenen, gelben Augen, schießen wir gegen die Preußen quer.
So wird es gelingen.
Täglich finden sich neue Punkte zu unserem jüngsten Programm.
Wir stehen kurz vor der Gründung einer Partei, zumindest e.V., haben unsere Leute in Verlage und Schulen geschleust.
Wir kommen vom Überbau her.
Generäle stünden zu uns, munkelt es.
Bald schlagen wir los, solang saufen und fressen wir uns Charakter an, täuschen wir die Bürger durch Anpassung.
Dann bricht die Revoluzzion los.
Wir warten noch auf Genehmigung der Sache von seiten der FDJ, des Ministeriums für Kultur, des ZK der SED und der Gruppe Sowjetischer Streitkräfte in Deutschland.

Ulrich Berkes
DEUTSCHE BÜCHEREI

Zwischen messegelände und russischer kirche, neben einer grünanlage, aus der man neulich rhododendronbüsche gestohlen hat: das graue gebäude. Geräumig und prächtig von innen: mosaiken, marmor, gemälde, vergoldete gitter. Wie billig, für eine mark im jahr kann man beträchtliche bücher bestellen und lange bis nachts im lesesaal sitzen.

Ich betrachte die stille der lesenden, die braune holztäfelung mit der altmodischen empore entlang an den wänden. Dann lese ich in Comte de Lautréamonts gesängen, einen roman über Rimbaud und notiere mir prosagedichte von Ponge.

Oder wenn ich einen nachweisschein habe, steige ich die kleine eiserne treppe bis unters dach, wo hinter einer eisentür die libri separati sind: erotische poesie von Arrabal und Genet und dem alten Verlaine.
In den karteikästen such ich nach namen. Jedes kärtchen ein buch. Ist nicht schon alles gesagt und du willst eines tages ein neues dazustellen. Ich flüchte mit müden augen ins grüne. Zum glück gibt es sonne, gras und gesträuch, ich leg mich lang auf den rasen. Manchmal möchte ich doch dort einbrechen, was sollte ich mit rhododendron.

Thomas Böhme

MORGEN MIT DYLAN

Als ich heute morgen
die treppe wischte
stellte ich
mein tonbandgerät
vor die wohnungstür
ich hatte gerade
BLONDE ON BLONDE drauf

Treppemachen ist nicht eben
eine aufregende sache
doch in dem haus
das ich bewohne
zählt 'ne saubere treppe
mehr als ein dutzend
gedichte

So klang die sonore
stimme roberts
mit SAD-EYED LADY OF THE LOWLANDS
durchs nach wischwachs & erbsen
riechende treppenhaus
mockauer straße 40

Und ich bin sicher
daß es keinem so richtig
gefallen hat
doch alle sind freundlich
zu mir wegen der blanken
stufen in denen sich jetzt
die schuhsohlen
spiegeln

Volker Ebersbach

BÄRENLAUCH

Gegen drei reißt mich die sonne
aus dem kariösen gebiß der häuser
treibt mich die allee hinunter
in den park zu den kindern
und ihren so zärtlichen müttern
hinter den bäumen aber
quietscht noch die straßenbahn
da muß ich weiter hinein in den wald
wo die vögel klingende netze ausspannen
und mich sanft in einen bären verwandeln
wo aus fleischigen blattlöffeln
bärenlauchblüten schäumen
wo warme lauchwolken durchs unterholz schwappen
daß es die schleimhäute juckt:
da treibt es mich stadtwärts
zu bratwurst und bier
zur mutter meiner kinder
und die quietschende straßenbahn
rollt noch zu langsam

Ray Schneider
LEIPZIG IN TRÜMMERN

Leipzig-City – kalt und verdreckt
eingefallene Häuser hinter Fassaden versteckt
Uni – Gewandhaus, die City wird fein,
woanders fallen die Wohnungen ein.
Stumpfes, totes Menschenmeer
haben, haben immer mehr!

Lärm und Gestank, Kinder im Gedränge –
Streß und Spießer jede Menge.
Der Schnee von gestern im Capitol,
Cafés und Eisbar brechend voll.
Leben auf dem Bahnhof – leer und abgebrannt,
Messerstechereien im Bahnhofsrestaurant.
Eingeschlossen von Chemie und Kohlengrube,
zurück bleiben Kranke und synthetische Nahrung
aus der Tube.

Vorgetäuschter Luxus, falsch und verlogen,
im Eden, Ex und Deli ums Geld betrogen.
Für Leipzigs Leute 'n neuer Shop im Hotel Merkur,
dort kann man alles haben, doch für D-Mark nur.
Zweimal im Jahr stellt die Welt sich aus,
Science Fiction im Messehaus.
Besoffene auf leeren Straßen bei Nacht,
wieder einen nach der Disco umgebracht.
Jauchengruben wie Elster und Pleiße
wasserlos und stinkend vor Dreck und Scheiße.

Ulrich Berkes

DIE STRASSE GEORG MAURERS

Die stadt Leipzig ehrte ihren großen
toten dichter, sie gab einer straße
seinen namen, die liegt im süden
ganz am rand, ein einziger neubaublock
mit zwölf eingängen, eine telefonzelle
gibt es, parkende autos, müllcontainer
eine kleingartenanlage und freies feld

Der dichter war mein lehrer, professor
für poesie, manchmal fuhr ich mit ihm
straßenbahn oder traf ihn im Rosental.
So ein zufall! nun wies mir die stadt
eine winzige wohnung zu (mit netten
nachbarn) in dieser straße, und jetzt
steht sein name in meiner adresse

Reinhard Bernhof
GOHLIS

Eine Fettschicht liegt überm Tag
und legt den Geschmack dieses Viertels fest:
im Dunstkreis der backsteingelben
Kuchenaromafabrik
OEHME & BEIER
dem Phenolgeruch der Rosentalkanäle
der über Bäumen Antennendächern hängenbleibt
und nie verdriftet
die scharfen blinden Wasser der Parthe
wo an getrockneten Schlammrändern
zwischen verwaisten Matratzen eine Botschaft
geschrieben steht
aus Rattenfußhieroglyphen

Gohlis
dein Anblick so runzlig wie der des ältesten Rentners
der eben angetretnen Bäckerschlange vor
meinem Fenster
Anonyme, die starr hinter Messingschildern leben
eingefroren in Konversationslexika
knotig ihre Gesichter, Adern
die aufgeschwollen auf flinken Händen lagern
Hungernde nach duftendem Frischbrot,
knusprigen Brötchen aus Privatöfen
(welch Anachronismus)
Plumeau-Frauen in Crêpe-Satin-Blusen
neben zurückgezognen staubigen Tüllgardinen
auf befranste Stick-Bouclé-Kissen gestützt überm
Sims zweibogiger Fenster
Abbröckelnder Jugendstil Neobarock
der nach Angriffen der Krähen, Tauben,
von Regen Wind

und nach Tagen der Sonne
als weißes Pulver auf Trottoire fällt

Gohliser Uhren halten sich fern von der Zeit
und warten ab

Nicht weit von mir – in Nähe Gohliser Schlößchen
wo einst der fiebrige Schiller
in sein lochfenstriges Häuschen schlüpfte und den
Freudenhymnus schrieb
lebte auch Maurer mit seinen „Gestalten der Liebe“
Er verwandelte das bärenlauchige Rosental in einen
Kosmos der Liebenden
Gohlis
abbröckelndes Viertel auf der Rinde der Welt

Ralph Grüneberger

EINMAL EINE WOHNUNG HABEN

Einmal eine Wohnung haben
Einmal sagen: Mein Zuhaus
Vier Wände in den Neubauwaben
Oder acht im Hinterhaus.

Einmal eine Wohnung haben
Schlüssel nicht als Schlüsselkind
Einen eignen Türschildnamen
Nicht Messing, nur so angepinnt.

Einmal eine Wohnung haben
Einen Tisch, den ich gedeckt
Essen nach der Uhr im Magen
Nicht sagen müssen, ob es schmeckt.

Einmal eine Wohnung haben
Einen heißen Klingeldraht
Öffnen, ohne rückzufragen
Öffnen, wem ich mag.

Einmal eine Wohnung haben
Einmal sagen: Mein Zuhaus
Vier Wände in den Neubauwaben
Oder acht im Hinterhaus.

Thomas Böhme

JEDERMANN LIEBT DEN SAMSTAGABEND

I

Einer von diesen spätsonnigen samstagabenden und ich
lief übern hauptbahnhofvorplatz
Und ich sah paar jungs dieser stadt zu was sie so
trieben
Und es waren viele mit fußballsymbolen
Mit wimpeln & fahnen & mit trompeten
Mit farbigen schals hüten emblemen
Und da waren solche die ihre motorräder anwarfen
Aufgedrehte piloten im *exile on mainstreet*
Mit ihren hochgetrimmten grimmigen stolzen schlitten
Und sah gesichter die unter gigantischen helmen ver-
schwanden
Und auch die gesichter ihrer zierlichen oder stark-
knochigen mädchen
Und ich lauschte ergriffen ihrer brutalen sprache
Der in kaum einem buch auffindbaren knappen & un-
pathetischen sprache
Der erotischen sprache mit ihrem technischen vokabular
Der sprache einer silbernen glitzernden sciencefiction-
ära

Und es waren welche dort in hautengen jeans, lässig
an geländer gelehnt mit einladender gebärde
Und ihre noch einsameren brüder die gelangweilt die
bahnhofshallen umkreisen
Und sah den mit der wodkaflasche
Und den mit dem tramperrucksack, braungebrannt und
noch verstört von der hektik der großstadt
Und den mit dem messekoffer & sächsischem bier in
seinem netz
Und den mit dem stirnband & den büßersandalen

Und einen im lederanzug mit stars & stripes auf dem
rücken, sein blasses kindergesicht
Und minderjährige punks im trenchcoat der väter
Und den farbigen mit violetten hochhackigen schuhen
Und den schmalhüftigen der quer über die fahrbahn
sprang und fast gerammt worden wäre
Und die athletischen recken mit olympiataschen & gelben
regentuchkutten
Und das ganze laut plärrende völkchen der sommeraus-
flügler
Und heimkehrende ferienkinder mit ihren sie noch über-
tönenden begleitern
Sie alle gehörten zu diesem herrlichen jugendlichen
ameisenhaufen im rotbraunen abendlicht

II

Leipzig. Sonnabendnacht.
Düstere silhouetten eines desolaten schimmelsommers
Ein abgehalfterter typ an der bar rutscht zusammen,
die um ihn stehen glotzen dumm tierisch teilnahmslos
und ich steh daneben
Paar lockige wetternarbige burschen mit ohrringen krie-
gen sich in die haare und für sekunden blitzt in dem
gerangel ein messer mich knapp verfehlend
’Ne gruppe militanter schlachtenbummler parodiert ihre
beliebte sächsische hymne und ich mittendrinnen
Durchs grelle geviert der unterführung trippeln theater-
besucher in bläulicher schminke & langer garderobe
um erbrochenes & regenpfützen und ich hinter ihnen
Jemand pißt an die hauswand vom astoria. Glockengong
Und dann ist sonntag. Die straßen entvölkern sich
just around midnight

Kristian Pech

NACHTSTÜCK

Zwiespältig ist was mir die nacht zuträgt
Das aufheulen eines autos unterm fenster

start wie für eine rallye durch erdteile
doch es fährt nur jemand um drei ecken

Von irgendwo eine musik aus der konserve
dienstbar unaufhaltsam spult sie sich ab

sie kann laute der wollust verschlucken
sie kann einsamkeit erträglicher machen

Das ticken einer fremden schreibmaschine
ich höre hinein und bin mir unschlüssig

denn es begeben sich zu papier gedichte
und rechnungen mit dem gleichen geräusch

Kristian Pech

ELEGIE ÜBER EINEN STADTTEIL

Wenig hab ich gehofft aufs heimischwerden in diesem
allzu vergeßnen stück stadt zwischen gebüsch und dem fluß

der so lyrisch wie sinnlos die Weiße Elster genannt wird
Aber ich denk es geschah weil mich doch alles betrifft

Beispielsweise der himmel der abends dunstig und flach ist
oder das häusergewirr brauchbar jedoch nicht so sehr

Nässetriefende flure wie katakomben und düster
hier finden abschiede statt Unbemerkt bleibt ob man flennt

Abgetreten die stufen Auf halber treppe gespenstisch
gurgelnde wasserklosetts Hinter der wohnungstür streit

Doch kein fremdling kann bleiben wen lange jahre hier halten
Wie in die fremde wird gehen einmal der umziehen muß

Kurt Demmler
DIE LIEBIGSTRASSE

die liebigstraße lieb ich nich
denn sie ist so ergiebig nich
man kriegt verband man kriegt arznei
doch guckt man da erst einmal rein
da kommt man nie mehr richtig raus
zu gründlich ist ein jedes haus
und ist man auch ergiebig nich
die liebigstraße lieb ich nich

die liebigstraße lieb ich nich
unter studenten schieb ich mich
nicht gern zur demonstration
da hat man selber nur davon
daß alles nur finesse ist
weil man ja von interesse ist
und in beherrschung üb ich mich
die liebigstraße lieb ich nich

die liebigstraße lieb ich nich
aus ihrem schoß vertrieb ich mich
man fühlt sich gut kommt man hinein
dann heißt es da das kann nicht sein
kriegt einn laborwert an den kopf
und find sich wieder schon am tropf
und darum leute blieb ich nich
die liebigstraße lieb ich nich

Thomas Böhme

LEIPZIG MIT LÖCHERN

Wenn die zirkulation zwischen den luftschichten über der kohlestadt wie ein überlastetes stromnetz zusammenbricht glühen die telefone der schnellen medizinischen hilfe und die asthmatiker ringen nach atem, der moloch röchelt, hustenanfälle in straßenbahnen & wartezimmern, auswurf bedeckt treppen & fußweg.

Die stadt ist krank und ihr klebriger schweiß verstopft jede pore, gefriert gelb zu porösen schollen. Ihr puls rast im fieber, die rußrandigen wunden mit asfalt verschmiert, die „grünen lungen" von metastasen durchzogen, so viele ärzte – soviel diagnosen, vielfarbige stinkende salben lindern kaum noch die qualen.

Ach mordstolle stadt liebevoller gefährten, stadt rotzfrecher kinder, stadt der umarmungen & kinderwagen, stadt hitziger jungen & mädchen, stadt der poeten des mondes der sonne der wolken des regens, stadt des staunens, der sünden, der wollust des lebens. An ihm soll genesen der zermarterte leib, werden wir's schaffen?

Stadt wo ich sitze und schreibe & angst hab & wünschte die angst zu betäuben: was der whisky nicht schafft und der dixie-shit nicht, weder das hardrock-gepoche noch der blues, nicht die gedichte und die geliebte im neunten monat hat dunkle ringe unter den augen, wer hilft ihr wer hilft mir wer hilft uns?

Andreas Reimann

BEISPIEL UNTYPISCHEN LEBENS

Zum beispiel einer, schon als grüner sprosser
will der nach westen wechseln, aber: weil
ihm das zu öd scheint, wie wir treiben. Punkt.

O vaterland, das gähnen deiner söhne
mißdeutest du als staunen oft genug.

Dann ist versagen, freilich subjektives,
erklärlich nur, weil irgendwer mißachtet
die schöne schule und die liebe lehre
wie jener, der nicht will, was er nicht will.

Dem brennt die sichrung folgerichtig durch,
und folgerichtig sicherung im knast:
da sieht er endlich, wo er bleibt. – Da bleibt
fürs leben was, weil was am leben fehlt.

Zum beispiel einer, rüstig ruiniert
kommt der da raus, es wird ihm anempfohlen
die arbeit bei des stadtparks blumenhegern,
daß seine freunde sehn: den gibts nicht mehr.

Doch dieser bursche trägt statt demut stolz,
will sich nicht finden zwischen margariten
und männertreu und abgefallnen laub
und wäre gern an seiner wirklichkeit.

Und hat ein viertelhundert arbeitsstellen
umsonst bewandert, ist in keinem glied
nun eingegliedert: was ist asozial?

Tja, so gesehen: jener.
Und auch ich.

Wolfgang Hilbig

DIE RUHE AUF DER FLUCHT

warten –
oh noch einmal einen abend ausruhn
vor der unendlichkeit der nacht
die uns mit allem vieh zu paaren treibt
und sich schon sammelt vor den abgestreiften schuhn …

reglos
im angesicht der flut die bald erwacht
noch eine stunde sitzen auf dem mauerrand
stille im schädel und den fuß im sand
dem atem nachsehn der uns aus den lungen schwindet
dem zorn
dem gold das in den augen sichtbar bleibt
wenn die erschöpfung uns in dem entschluß verbindet
noch eine stunde vor dem dunklen ufer auszuruhn –

und dieses tags zu denken der zuletzt uns wärmte
des großen abends der uns unerschrocken sonnte
indes fernher ein kupferrotes lohen lärmte
und schon erlosch im riesengong der horizonte.

Vorwärts zum
X. PARTEITA
RACIN

Jürgen Hart

DER KING VON LEIPZIG-OST

King Ewald hat e Ring
Nu, damit macht er Staat!
An der Linken lästern blinken
Der hat zirka zehn Karat!
Denn King Ewald ist der King von Leipzig-Ost!

Bei Ewald kann sich jeder etwas borchen
King Ewald kricht Devisen mit der Bost
Und kann dir auch noch sonstewas besorchen!
Und an dem Ewald kommt mer nich ganz unbesorcht vorbei
Und wenner was besorcht, dann nich fern Appel und fern Ei!
Denn rein geschäftlich nimmts der Ewald immer ganz genau
Kann er dir nischt besorchen, dann besorcht ers deiner Frau!
In der Liebe kann der Ewald kein Verlierer sein!
De Weiber stehen an bei ihm in Viererreihn –
Denn der Ewald hat den Blick
Und der Ewald hat den Gang
Und es zittern alle Müttern
Geht der Ewald wo entlang!

King Ewald trinkt gern Sekt
Und King Ewald trinkt gern Wein
Ganze Liter davon ziehter
Immer Abends in sich nein!
Denn King Ewald ist der König von Leipzig-Ost!

Bei Ewald läßt sich immer etwas drechseln!
King Ewald kricht Adressen mit der Bost
Von Leuten, welche gerne etwas wechseln!
Das Scheenste is, der Ewald, der verwechselt nichts dabei
Und wenn er dir was wechselt, nich fern Appel und fern Ei!
Denn rein geschäftlich nimmts der Ewald immer ganz genau

Und hat er nischt zu wechseln: Nu, er wechselt dir die Frau!
In der Liebe kann der Ewald kein Verlierer sein!
De Weiber stehen an bei ihm in Viererreihn –
Denn der Ewald hat e Herz
Und der Ewald hat Gespür
Und es zädern alle Vädern
Kommt der Ewald dorchs Revier!

King Ewald hat Humor
Besonders, wenn er lacht!
Wenn es dunkelt, nu da funkelt
Ihm der Goldzahn durch de Nacht!
Denn King Ewald ist der König von Leipzig-Ost!

Bei Ewald läßt sich immer etwas greifen!
King Ewald kricht den Haftbefehl per Bost
Und kann dich ooch ganz gut noch mit verpfeifen!
Denn an King Ewald kommt man nie ganz ungestraft vorbei
Und wenner dich verpfeift, dann nich fern Appel und fern Ei!
Denn rein geschäftlich nimmts der Ewald immer ganz genau!
Wenn er dich nicht verpfeifen kann, dann verpfeift er
deine Frau!
Doch in der Liebe kann der Ewald kein Verlierer sein
De Weiber stehn bei ihm in Viererreihn –
Doch der Ewald is nu weg!
Er durchläuft die Strafanstalt
Und nu stöhnen all die Scheenen
Und wern ohne Ewald alt!

Reinhard Bernhof

BLICK VOM UNI-RIESEN

für Inka

Raufliften, kleine Tochter
Platz nehmen

Die Sonne geht bald unter
in tiefe Becken der Braunkohle
Gärten über ebne Flächen, Häuser: horizontwärts
vernebelte Giebel, Leinen mit Wäsche
Rauchzöpfe der Schornsteine – und eine MIG
schneidet Rhomben mit gelben Rändern aus

Grau wird alles, aber das Messe-Emblem
auf dem Hochhaus, Wintergartenstraße
dreht sich mit rotem Licht, und der Stadtkern
vermischt mit Scheinwerfern der Autos
liegt in orangener Beleuchtung

Iß den Eisbecher leer, kleine Tochter
Runterliften; am Naschmarkt noch
wo Goethe steht im Rokoko-Look
die gußeisernen Löwen streicheln

Heinz Czechowski
SPAZIERGANG

Als ich durchs Rosental ging,
Standen die Bäume Parade.
Die Erde, ein freundlicher Stern,
War das, was ich suchte.
Doch die vertriebenen Paradiese
Blühen jetzt anderswo:
Ich sah übern Zaun in den Zoo,
Wo die zu Paaren getriebenen Tiere
Die Köpfe senkten, Drachen
Trieben im Winde,
Hinter dem Scherbelberg
Grüßte der Froschteich,
Doch als ich näher kam,
Erkannt ich den schwarzen
Stinkenden Tümpel, ein Wind
Von der Kläranlage ergänzte
Vortrefflich die Szene. Dort,
Wo die Kleingärtner hausen,
Zwischen Kürbis und Sellerie, Rettich und Aster,
Brach keuchend aus Buschwerk hervor
Eine Rüsselmaske im Tarnanzug, ihr
Folgten andre Gemusterte, sie
Übten das Überleben.
Über die Dächer von Wahren
Rollte die schreckliche Sonne.

Heinz Czechowski

HIER

Hier gibts Nachmittage, die
Schon nach drei ganz dunkel werden.
Regen sprüht. Im Asphalt glänzen,
Wie in alten trüben Spiegeln,
Kleine Neonmonde, Fische
Glitzern durch die nassen Straßen,
Die allmählich sich verbrauchen.
Da, vielleicht, begreift man, daß
Alles seine Stunde hat
Und daß vieles so viel Zeit braucht,
Daß kein Leben dafür reicht.
Dennoch sieht man dort, wo eine
Lange Straße ganz am Ende
In dem grauen Dunst verschwindet,
Schon das Ende jeden Endes,
Das wie eine Karawane
Immer weiter sich entfernt.
Doch beachtet man genauer
Jedes Wort und jede Geste
Wie die Müdigkeit der Steine,
Weiß man plötzlich, daß die Zeichen,
Die man sieht, viel mehr verschweigen,
Als sie meinen: War da einer,
Dem ein Satz gelang, ein Bild?
Waren da zwei Hände, die
Ein Stück Marmor formten, zu der
Ungemäßen Form, die einmal
Einer Wahrheit nahekam?
Wenn: wozu? Ach, niemand weiß es.
Über öder Häusermasse
Fliegt ein Flugzeug, während ich
Durch die Straße gehe, die ich

Einmal kannte und die jetzt
Fremder ist als all die Fremden,
Die mich streifen mit dem blassen
Fähnchen ihres Atems. War es
Nicht in jener Seitenstraße,
Wo sich Becher, Dehmel, Rilke
Einmal trafen? – Die Kaserne,
Was bewahrte sie vorm Ende
Jener, die dort sterben lernten?
Junge Leute in dem Grau
Dreier Kriege gehen dort
Ein und aus und auf und ab.
Brauner Backstein, Pferdeställe,
Ein Motor springt an, es trillert
Eine Pfeife: sie marschieren
Immer noch und immer wieder.
Ich geh weiter, geh dort hin,
Wo das Land sich flach streckt, hinterm
Friedhof eine Kneipe, dort
Arbeiter beim Bier, Gesichter
Ohne Glanz und Pathos, keine
Internationale, aus dem
Kasten quillt Musik von gestern,
Knallt der Trumpf, und eine Runde
Schmeißt ein junger Vater unterm
Weißen Licht der Neonröhren.
Noch ist Frieden, und gestorben
Ist der Feldmarschall schon lange,
Der nur ein paar Straßen weiter
Residierte. Und ein alter
Totengräber trinkt noch einen
Langen Zug. Und die Maschinen
Drucken für den nächsten Tag
Kein Gedicht, nur eine Rede.
Keiner liest sie. Ein Gerücht

Geht von Tisch zu Tisch, doch bald
Hat es sich verbraucht und legt
Wie ein müder, junger Hund
Untern Stuhl sich. Und dann taumelt
Einer auf dem Fahrrad durch die
Nacht, ein Fenster wirft ein Viereck
Licht aufs Pflaster. Wie erblindet
Naht der Morgen und er quert
Die Allee zum Friedhof, wo noch
Ein paar Linden vom Vergessen
Zeugen, das den Toten
Beistand gibt. Und die erstarrten
Steine schweigen, weil es niemand
Wissen will, was alle wissen.
Nässe streicht mir um die Füße,
Eine jener jungen Katzen,
Die man im Kanal ertränkte.

Thomas Kunst

DIE DEMONSTRATION

grauton bindet sich ein weisses plakat um, er geht
die hauptstrasse einmal hoch.
einmal runter.
er zuckt.
zu hause erstmal eine karo zur beruhigung.
einen kaffee.
er ist noch einmal davongekommen.

Gunter Böhnke

LIEBESERKLÄRUNG

Du hast mich damals angelacht.
Ich hätte nie daran gedacht,
Daß es mit uns mal etwas wird.
Doch du hast mich total verwirrt.
Du warst doch älter schon als ich
Und viel zu weise auch für mich.

Ich war Jungfrau, du bist Löwe.

Dein Kopf, der war so imposant,
Die Augen haben mich gebannt,
Ich konnte nicht mehr weg von dir,
Und jetzt bleib ich für immer hier?

Und doch hast du mich abgeschreckt;
wie bist du schrecklich jetzt verdreckt.
Du bist jetzt grau, ich bleibe stumm.
Dein Atem bringt mich beinah um.
Und auch dein Rückgrat ist geknickt,
Du hast nach Norden oft geblickt.

Man zieht dir langsam jeden Zahn,
Den zuzulegen du im Wahn
Mir einst versprochen hattest wohl.
Nun bleibt dir nur der Alkohol.
Vielleicht wirst du so konserviert
Und nicht endgültig konsumiert.

Allein, ich liebe dich trotzdem.
Es fällt mir schwer, hier wegzugehn.
Du bist und bleibst die Heimatstadt!
Doch manchmal habe ich dich satt.

Peter Gosse

DER SCHLEUSSCHE FUSSBALLPLATZ

sie spielen anders hier. Ich wußte es
Sogleich, als ich den Fluß, wiewohl mehr lagernd
Als fließend dieser, Festkörper, der er
Zu sein schien (nicht das kleinste Gewelle
Auf seiner Haut und gar des Namens Lethe
Verdächtig, trüge er nicht diesseitigstes
Geflocke eines trübweißlichen Schaums
Mit sich stadteinwärts) – kurz: als diesen Fluß
Aufs engste ich benachbart sah dem Rechteck
Des von zwei rechteckigen Toren reinlich
Gesäumten Fußballfeldes (so daß ein Fehltritt
Hinreichend war, des kurzweiligen Spiels
Rindsledernes Zentralstück und Subjekt
Den schwarzen Wassern unsrer Weißen Elster,
Die wohl nun doch aufspritzte in Gekräusel,
Anheimzutun), da wußte ich sogleich:
Sie spielen anders diesen Ortes, nämlich
Mit Doppelkraft. Denn übers übliche
„Mit voller Kraft voraus“ gilts das Sürplüs-chen,
Gilts das so schwier'ge Mehr an Kraft ermuskeln,
Das die Robustheit dämpft zu was wie Milde.

Das schaffen die. Ich wußte es sogleich,
Als ich den Platz am Flusse liegen sah.
Bedenk ich es, sah ich nur deshalb hin:
Ins Ziel um jeden Preis, doch übers Ziel
Hinaus um keinen – ja, das macht den Kribbel.
Hier bulgst man schmiegsam, radbrecht elegant;
Zerrt vom Rochus, steppt man doch Rochaden.
Parforce entfällt; was anfällt, ist die zierli-
Che, filigran vollführte Finte in
Dem Kampf, der, sehr zuckend, sehr verzückt,

Zwar tobt, jedoch auf pflanzlich sachte Weise.

Das Ganze, kurz, hat was Barockes. Ballt
Der Ball um sich die Ballerer in so
Verschwiewelt-schwierigen (dabei beschwingten)
Verknotungen, daß ein ums andre Mal
Man fragt: Wo ist des Zankes Lederapfel?
Schon meint „Der Ball ist weg!“ man.
„Schlicht vernascht
Vom sanft-verkrampften Mischmasch hurtger Waden“,
Meint baß man. Doch – welch Glück! – der Matador
Ganz Schleußigs (parallel zum ziegelmehl-
Bewalzten Platze er, sein gleichfalls tonro-
Tes Antlitz diesem zugewandt, dem Platze,
Jedoch einsneunzig Abstand zwischen ihm
Und ihm) – der Matador, besagtem Leute-
Geknäuel senkrecht plan entschnellend, tut
Die gloriose Fallrückhackenbatte.
Und das (erläutert sei es den des Sächsschen
Ohnmächtgen) heißt: er schmeißt hinan ein Bein
Kniekehlvoran, und derart, daß der Stutz-
En stutzt, dann rutscht; nun schubst der
Schwung ins ande-
Re Bein sich; und ein Reißaus sondergleichen
Gen Himmel unternimmt dies Beines Hacke,
Exakter: die (weil ja Fußballers Hacke
Umtan von wohlgewichsten Schuhwerkes
Blankferse ist) die blanke Ferse! Wie
Aufblitzt, knapp überm Stirngeperle, sie
Erwischt des fluges auftauchenden Spielball
Satt klatschend! Ah, da haben wir ihn wieder!

Besonders freut man sich darob, weil all-
Gemeiner man sich freut. Im Ernst. Wär Raum
Für unverfolgbar raumgreifende Schlenker,

Wie Jugend sie gedeihlich wähnt, doch nicht
Verjüngt sich das Geschehen in den Springpunkt,
In welchem, einem Feuerrad vergleichlich,
Der Matador die Batte tut und diese
Hinwieder ihn (denn wie bewiese ohne
Die Batte sich des Lokus Genius?) – kurz:
Wär Raum im Übermaß zur Hand, wär also Spiel
Nichts anderes als Spiel, und wäre nicht
Ein jeder undosierte Schlag ein Schlag
Ins Wasser – hielten wir, so frag ich uns,
Das aus? Ertrügen wir uns, uns verlierend
Im kahlen Schrankenlosen? O Beschränkung,
Alleine du – wie wahr! – machst uns zu Meistern!
Uns bringt, die Meister, dies Geviert mit Sich-
Erheit hervor, das einseits steil bespülte!
„Was quasselst du da, Quasselstrippe du“,
Hör ich euch mosern, „ha, vonwegen Meister!
Kucke du hin: ein einziges Gehample
Die Nille! Statt an'n Innenpfosten die
Mit voller Bemme, daß es schnurpst!“
            Genau
Das sag ich doch. Ihr, wo ihr nörgelt, lobt.
Es geht am Platze, weil er muß, der Ball
Wahrhaftig – sage ich euch, Leute – seltsam.
Warum? Weil es in der Natur der Dinge
Liegt, künstlich wie die nun mal liegen, ja.
Es hat nun mal der Wuchtgetretene
Unwucht. Jawohl ... Nicht fliegt der Ball – er eiert.

Der Grund ist: Den Planeten ähnlich, deren
Laufbahn zum Himmel schreit, weil einverleibt sich
Hanbüchen ihr des Vatersterns Gewicht hat,
Rennt Fußes Kugel nicht die simpele
Parabel öden Stiegs und Falles, sondern
Verquickt ihrer realen Existenz

Ist der nicht weniger realen Nichtex-
Istenz hoch deutliche Ermöglichung.
Das klingt konfus, doch klärt sichs einem jeden
Im Nu, der zu ihm blickt, dem unverschlungnen,
Dem scharf benachbarten, dem Flusse, welcher,
Gewöllhaftes Gewölke eines Schaumes
(Dazwischen – potentiell – der Kugel Kahlkopf!)
An seinem Anthrazit hinschiebend, nur
So tut, als könne er, der schlingbereite,
Kein Wasser trüben.
          Wunderts wen? Das Match –
Auf die dem Flusse abgewandte Seite
Verlegt sichs, mithin dorthin, wo der Rechte
Verteidiger mit Sliding-Tacklings seinen
Linksaußen harsch beharkt (der ihn mit Dribblings),
Und – wums! – der Preßschlag! Wie das Leder also,
Zusammengenäht aus schwarz- und weißen Wäbchen
(Genau zu sein: aus Pentagönchen), selber
Zur Nähenadel wird und in des Parkrands
Ausladendes Geäst, wo das ein Öhr läßt,
Hinein sich stichelt oder fädelt, ein
Trichinchen in Naturs rosanem Bluste,
Hin geisternd sichtbar jetzt, doch balde schon
Verborgen selbst bewaffnetestem Aug Dreime-
Ter um Dreimeter still geschluckt von Blattwerk.
          Wie
Nun stehen da, die Lungenflügel in der Brust
Nachflatternd, die Gespielen da; ganz Andacht – o-
Der ists Lawedheit? – harren sie des Balls Erschei-
Nung.

Steffen Grünert

CONNEWITZ

Immer noch hier
Lebe ich
Hinter der Kirche dem Kino
An der Kreuzung uralter Wege
Die dieser Gegend den Namen gibt
Zwischen Auewald und Abrißhäusern
Im Montmartre von Leipzig
In meiner Straße das Pflaster:
Gewölbt von täglich leisen Eruptionen
Straßenbahnschienen zwängen sich
Zwecklos hindurch
Münden in Asphalt

Immer noch hier
Mische ich mit
Auch erwartend
Daß mir einer die Fenster einschmeißt
Dachziegel mich erschlagen
Meine Nachbarn mit Gasmaske einkaufen gehen

Immer wieder hier
Bleibe ich
Mit den Volkspolizisten den Schwarzmietern
An der Kreuzung uralter Wege
Von Obrigkeit und Untergrund

Zuweilen verweilt fahrendes Volk:
Die Freunde ohne die ich
Längst schon davon wäre
Über alle Abraumhalden

Barbara Köhler

ORTUNG

hier geh ich meinen gang und bin das ziel
los denn
die baumleeren straßen verweisen
auf einen himmel verworfener hoffnung

hier treffen mich die augenblicke kühl
an jemandes zufällige hand hält mich
nichts mehr wird mir sprache erste worte
von letzten dingen:

der himmel unten
oben der asphalt und ich
geh ja bloß drauf

versuch es mit der kleinen Liebe

Jayne-Ann Igel

AUSSERHALB VON UNS SELBST GIBT ES KEINEN SICHEREN ORT MEHR

dies ist das Neue Jahr: Christbaumleichen auf dem Pflaster,
Raketen im Rinnstein, und das Gewirr von Girlanden, die
verbinden sollten, liegt zerschlissen da

auf den Tischen ausgestreute Reste vom Wein, und be-
glichene Rechnungen schmeicheln den Wirten des Suds, nach
Mitternacht zerfallen die Gesten Mienen der Leute, die Um-
armungen werden zaghaft oder trunken, die Lippen blau
verfärbt, wie nach stundenlangem Bade

ich erwarte nichts vom Neuen Jahr, wir können nur uns
selbst erwarten, an den Türen lehnen & die Zimmerwärme
auf die Straße springen lassen, vielleicht lockt dies
jemanden an

seit Silvester Wind & Regen auf den Gassen, als die ersten
geschlagen vom Feste heimkehrten, flog ihnen Konfettistaub
ins Gesicht & machte sie wütend; als wir uns auf den Weg
begaben, war der Sturm kaum noch zu halten, den böse
Buben entfesselt hatten

er stieß an Fensterläden, hinter denen übernächtigte Lampen
schwankten, Leute das letzte Mahl einnahmen, schläfrig in
Sessel sanken, ohne einen Laut

und wir kamen von den Tanzsälen her, den flüchtigen Ge-
bärden, wir zogen fort von den Verbrüderungsszenen, denen
Schläge folgten für nicht begangene Frevel, wir zogen fort
von jenem Kältepol Europas, flüchteten in die Dämpfe
unserer Stimmen, nie entronnen bleiernem Tod

Gerd E. König
WARTEHALLE

Siehst du, sage ich zu dir, jetzt sitzen wir hier
fest. Fahrgäste, Wartegäste drängen zum Eingang
rein und Schnee oder so'n weißes Zeug
klebt in ihren Gesichtern. Wir müssen reden
mit denen, sage ich, über Sachen, die warm machen.
Über so was wie Sonne, Griechenland, die Antike,
über Gallus und den Untergang der Römer
oder über Gallensteine oder and're Dinge,
die uns drücken, oder meinetwegen auch
über diesen Zeus, ob er riecht, nach Mottenpulver,
oder ob noch alle zu ihm aufblicken,
außer Trapezkünstler und schlafende Fledermäuse.
Wir könnten den Beschluß fassen, ihn per Luftpost
zu fragen, ob er die Raketen und Gegenraketen
und den ganzen and'ren Dreck von der Erde
fegen kann, wohin sich die Entwicklung
entwickelt, ob unsre Kinder auch mal
in dieser Haltestelle auf den Bus warten werden,
die Gesichter voll Schnee oder so'n weißes Zeug,
oder ob sie nur noch spür'n, daß was Kaltes
vom Himmel fällt, weil sie keine Augen mehr haben.
Wir müssen reden mit ihnen, sage ich zu dir,
warum der Bus nicht kommt, ob die Straßen
zu glatt sind, ob der Fahrplan nicht stimmt
und woher wir diese Geduld zum Warten haben.
Wir könnten, wir müssen fragen, aber
wir schweigen, sitzen hier auf den Bänken
fest. Du, ich, Fahrgäste, Wartegäste
und bald zerreißen die ersten ihren Fahrschein
und gehen einfach nach Hause.

Heinz Czechowski
ZUENDEGELEBT ZUENDEGENARRT

Mit großen Gesten,
Gesenkten Köpfen, dem
Händeringen letzter Verzweiflung:
Jugendstilskulpturen,
Gelehrtenwinkel,
Leipziger Südfriedhof: Namen
Wie Kohle und Rauch.

Fahrradreifen
Auf knirschendem Kies,
Ruhestörung
Ist zu vermeiden, Aufsehen
Erregt hier ohnehin
Niemand mehr.

In regelmäßigen Intervallen
Quillt aus dem Schornstein
Schwarzer und allmählich
Immer heller werdender Qualm:
Orpheus
Folgt Eurydike
Ins endgültige Nichts, Knochenasche
Auf Autodächern am Morgen.

Trauernde Hinterbliebene –
So nennt man das wohl –
Füttern verschämt
Bettelnde Eichhörnchen.

In den Gemeinschaftsgräbern
Der leergeräumten
Friedhöfe von Magdeborn oder Eythra
Schweigt pietätvoll
Die Zukunft.

Kurt Drawert

**ANDERE ARBEITER,
EIN ANDERER HERBST**

Unverständlich und klar
liegen in ihrer Geschichte
die Dinge begraben.
Alles hat seinen Anfang
und seinen Krebs –
eine Empfindung von gestern
zur Stunde. Die Frau
und ihre gealterte Katze,
in deren Körper die Zeit
sich bewegt, zählen die Schnitte
auf der Platte des Tisches
den Tagebuchseiten
hinzu. Im Hintergrund
das bekannte Geräusch
der Fabrik. Andere Arbeiter,
sagt man, ein anderer Herbst,
wie es im Buch steht
und vorauszusehen war.

Undine Materni

VALSE TRISTE
ZEHNTER JUNI

sie hatten ein seil um die stadt gelegt
sie hatten die saxofone geladen
sie hatten die geigenbögen geschärft
sie hatten die flöten geölt
sie hatten ein kreuz im kalender
sie hatten sand im mund
sie hatten ein seil um die stadt gelegt
aus violinschlüsseln sie hatten
die schilder mißachtet
SINGEN UND MUSIZIEREN VERBOTEN
sie wollten die stadt erobern
mit liedern und tänzen sie
hatten den finger am abzug
der öffentlichen ordnung sie wurden
belehrt und nach dem waffenschein gefragt
den sie nicht hatten der sand
zwischen den zähnen knirschte vernehmlich

2135

KOMMEN SIE
VON HIER?
1989–2004

Roland Erb

HINTERES ROSENTAL

Im Moderduft des Herbstes
vom Ahorn rot und braun
setzt du die bangen Schritte
suchst durch den Dunst zu schaun
Dies Schreiten scheint gespenstisch
gespenstisch scheint der Wald
das Kläffen Kinderlachen –
seit langem schon verhallt
Vernimmst du dieses Sirren
aus Kläranlagen dringts
das langgezogene Pfeifen
hier links am Flußbett stinkts
Du darfst nicht über-schreiten
den Schritt lenk eilends heim
dein Liebeswald – versinkt er
soll er vergeblich sein?
Die Stadt blinkt trüb mit Ampeln
mit Mauern öd und blind
Such in verlaßnen Straßen
die noch geblieben sind.

Roland Erb

DEUTRICHS HOF LEICHT BESCHÄDIGT

Hier wo der Krieg eine wüste
Fläche gelassen
und Deutrichs Hof
leicht beschädigt zurückblieb
sah ich
wie die stählerne Kugel
immer wieder davorschlug
das starke Gemäuer brechend
des ehrwürdigen Bürgerhauses
mit dem barocken Erker
den fünf Säulen im oberen Stockwerk
und dem zierlichen Giebel darüber
Ich sah Staubwolken
sich erheben und sich verziehen
Baufreiheit wurde
geschaffen
Doch eine Ödnis breitet sich heute
Die manchmal für Bockwurst-
und Limonadenbuden
sinnvoll Verwendung
findet

Richard Leising

VOM MINIMUM

Noch ist der Tag nichts als ein klammes Niemandsland zwischen
Osten und Erde, doch flugs wird der Habenichts lauthals
    gerühmt von
Tausenden Vögeln! Auch wo der Himmel verbaut ist, etwa in
Leipzig, es reicht, dass sie da sind – und? Sie lassen sich hören!
Irgendwas braucht bloß Baum zu sein neben den Steinen,
    gleich gehts
Rund! Ein Achtel Grün, und sofort die besondere Leistung, ja
Schon auf fraglich bequemen Dachfirsten haben sie Töne!

Jürgen Hart

MIR BLEIM HIER!

Weht der Wind vom Süden her, da stinkts
Und nur Braunkohlbuddellöcher rings.
In der Stadt kannst du dich kaum erholn.
Wir sitzen sozusagen wie auf Kohln!

Doch mir, mir bleiben hier!
Hier bringt uns keiner fort!
Wer Leipzig liebt und haßt
Für den gibts keinen Ort
Der besser zu ihm paßt
Denn mir, mir bleiben hier!

Hier putzt man jede Woche Fensterscheim.
Die Pleiße riecht kaum besser als ihr Reim.
Fassadenputz zerbröckelt und verfällt.
Was isses, was die Leute hier noch hält?

Doch mir, mir bleiben hier!
Hier bringt uns keiner fort!
Wer Leipzig liebt und haßt
Für den gibts keinen Ort
Der besser zu ihm paßt
Denn mir, mir bleiben hier!

Vierzig Jahre unerfüllte Wünsche
Vierzig Jahre nur Fassadentünche!
Mit e bissel Geld und Sachverstand
Kriegt mer Leipzig wieder in die Hand!

Doch mir, mir bleiben hier!
Hier bringt uns keiner fort!
Wer Leipzig liebt und haßt
Für den gibts keinen Ort
Der besser zu ihm paßt
Denn mir, mir bleiben hier!

Thomas Kling

LEIPZIG IM SCHUMMER

koks-installazionen, die abbruch-
reife, bergeberge; heizkörper ap-
geschaltet: mützn auf!, die stadt
ist reif:
koksinstallationen berge
berge, weltn dazwischn. bei scher-
bnbeknischtm bodn; was ich sonst
gehört?: wasserrohrbruch, tosende
heraustosende wasser in fensterlo-
sem miezhauskeller; da brachs raus
graugelb gardinenschlappe wo keiner
sich noch mehr gekümmert hat. ja schei-
bnlos ja wasserbruch. die wessiband
hat alkohol hat ›müngersdorfer stadion‹
gegebn, drei-stücke-repertoir wovon
herr zeltinger aus köln mir wohlbekannt.
da hat in connewitz und überall die
straßenbahn so menschlich aufgeheult;
so menschlich (auch hier connewitz), so
enschlich-menschlich hat am nebentisch
ex-stasi zugehorcht – und suhrkamp, tja,
wir wärn fast rausgeflo. + alkohol +
alkohol + alkohol + + +

Kerstin Hensel

PROST, MARTHA, DIE DU MICH KLASSISCH

Fett: Alte Hure! nennst und ein Bier
Rrrrrüberschiebst – von Plagwitz nach Gohlis. Der Tisch
Schäumt und stellt sich wie ich,
Denn er mag keine Weiber nich sehn.
Meine Kerle, Stücker drei, alte Kollegen,
Spendieren mir die Sause ins Hopfenhimmelreich und
Verküssen ihre letzten Erfolge. Ein Kirsch, ein Bier!
Was ist schon das Leben,
Metaphern, Martha, Metaphern!

Ich liebe euch alle.
Kurzmond ist.
Was willst du mit mir
an der Tür?

Raus?
Was?
Martha!
Nix da? kein letztes?

Na denn, tschüs, alte Sau.

Und immer stecke ich mit dem Kopf
Am Abend im Fluß:
Die Pleiße mit lieblichen Schwänen.

Kerstin Hensel

SILVESTRION

Blauer verleierter Karpfen
Noch ist es Zeit
Blase ich mir zum Trost ein und Aus
Den Hörmuscheln läuten die
Grenzerweiterten Freunde.

Indes der Krieg
Zwischen den Töpfen spielt
FRISS FRITZ ODER STIRB
Gerät mir der Liebste
Ans Messer.

Mein ist der tranige trübe Gesell
Glotzt aus dem Sud
In die Zukunft. Gewaltig
Weiß ich zu lieben weiß ich wie weit
Und gemein ist dies Jahr. Chimären
Aus dem Notizbuch PREISE DEIN GLÜCK GESEGNETES
SACHSEN. Hier knallts, hier geht der Schuß ab
Zappenduster zu und zurecht
Heiße ich Suse und zeig als Beweis meine
Gräten.

Adolf Endler
KARL-HEINZENS LIED

Ach, Mechthilde, Mechthilde, Du auf dem Holzweg nach Köln-Nippes seit einiger Zeit, welch eine Schmalzwoge Schmusewolle war Dir bereitet im Holzhäuschen Deines so schmählich außer Kontrolle geratenen Doktorvaters Karl-Heinz, welch eine räucherstäbchen-umwucherte Matratzenvegetation down to the border im Tale der Schwarzen Elster, yeah, im Black-Elster-Valley, anderthalb Stunden Fahrt im WARTBURG von Leipzig-Stötteritz aus, höchstens zwo. –//– »Ach, Mechthilde, Mechthilde, die doch der Lende eines der ehemals führenden Genossen entstammt; Du ehemals auserkorener Kader für unser ehemaliges Statistisches Amt; einst für die ehemalige Poeten- wie Singebewegung als auch den ehemaligen ROCK FÜR DEN FRIEDEN entflammt ... –; jetzt in Köln-Nippes zu undiskutablen Tätigkeiten im Kurzwarenhandel verdammt, ob auch zur örtlichen Karnevalskönigin gekrönt und in Samt; von Hyänen zerschrammt!« –//– Und ein Holzhäuschen drunten im südlichsten Sachsen läßt seit Monden die damals so weiße Gardine 'raushängen, brikettfarben nun; die Eigentumsverhältnisse vollkommen ungeklärt –

Roland Erb

SPRENGUNG DER PAULINERKIRCHE IM JAHR 68

In einer riesigen Wolke Staub
leben die Bruchstücke fort.
Der Rest des gotischen Kreuzgangs,
die Kutten der Bettelmönche,
das Feixen obszöner Studenten
unweit des Stadttors,
die erneute Kirchweih durch Luther
und Seelenqualen eines Musikdirektors
angesichts krähender Knaben.
Das vage Erscheinungsbild Gottschedts
auf dem Lehrstuhl gleich nebenan,
ein neugieriger Blick des Bummlers aus Frankfurt,
der Lilis Menagerie bald den Vorzug gab.
Der Altar, die Epitaphien, das Sitzbild Aquins
in der dämmererfüllten Halle,
wo Jahrhunderte später,
nach Kriegen, Bränden, Bombardements,
unter Medusenblicken und stetem
Drohen mit Schließung
Komplet und Kanzelrede geübt wurde.
Und, ach, im Dezember der Bachische Eingangschor
mit der unvergeßlichen Trompete
Armin Männels,
und Köblers aufstörendes Spiel
auf der kriegsversehrten Orgel.
Das dunkle Gefühl von Umzinglung
und Ohnmacht des Widerstands,
ein Foto aus dem Jahr 65,
das mich Studenten zeigt vor dem Gemäuer,
als ich sprachlos verzweifelt liebte.
Doch dann:

das Andrängen der Demonstranten,
die stoßenden Zwölferreihen der Grauen,
als sie den Sperrzaun schützten,
und die Friedhofsruhe des Platzes
vor jenem dumpfen Knall,
da die Jahrtausend-Steine zerbarsten
und der Staub zum Himmel aufstieg.

Dirk von Petersdorff
LEIPZIGER WANDTEPPICH

Was gestern war,
wird heute abgewickelt

Oben die Engel mit den Posaunen
und den Raum-Zeit-Staubsaugern.
Unten ist Connewitz – Apokalypse
der Immobilien: Hinterhöfe,
radlose Trabis darin, magere
Katzen. Ziegel zerrissen wie Brot.

Die Männer sind Germanisten,
kantiger Haarschnitt, Brecht-Ecken,
ihre Augen: hohl, Gespenster-
Germanisten, aus den Büchern,
die sie halten, rieselt Staub,
bedeckt die Füße. Sie versinken.

Dort die Frauengestalt: Archäologie-
studentin, Ägyptologin, Marmor-
stirn, von keiner Hand geformt –
und jetzt auf
Messen in Leipzig
die Standmaus, Elfenbeinfinger
auf einem IBM-Gehäuse, weh!

Weh, Fortuna geht barfuß einher,
ihr T-Shirt: Born in the GDR!
Verstreut im Bild: Reudnitzer-Flaschen.
An den Rändern wächst Kraut aus
den Höfen, verschlingt sich, umrankt
das Theater. Arabesken, bodenlos.

Paul Alfred Kleinert

PASSAGEN IN LEIPZIG

fiebernd klebt Abend in den Passagen der Stadt
der Mund schmeckt klebrige Feuchte wie altes Metall
beschwert war der Tag mit der Suche nach
vertrautem Gestern
im Zwielicht der Gang vorbei an faustischem Keller
merkwürdiger Weise verbunden mit dem Gedanken
an das Passagen-Werk eines Berliner Juden
(wenngleich der von andernorts befindlichen ausging)
–
Kindheitsgeräusche (doch anders und gröber dosiert)
und einer Geige Spiel bilden den Teppich
darauf ich einherschreite in den vergehenden Abend

Angela Krauß
LEIPZIG 1999

So selbstverständlich alles, was wir bewohnen.
Wie unser Körper, dessen Verfall uns
ebenso entgeht, wie seine beständige Erneuerung.
Alles ist selbstverständlich, solange es lebt.

Die Art, wie wir eine Tür aufmachen
und wieder schließen,
läßt die Grenzen zwischen Körper
und Behausung schwinden,
für einen Moment nur.
Aber selbstverständlich genug, um uns zu erinnern,
daß wir nicht einfach die sind, die hier kommen
und gehen.

Oder der Schatten, als der sich unbändig, sommerlich
eine junge Häuserzeile um den Nacken legt,
ehe der feuchtwarme Atem der Straße nach dem
Regenguß
wie eh den eigenen durchströmt.
Was wir bewohnen, sind wir selbst.

Auch zehn Jahre sind nichts,
wäre nicht jemand da,
der vor zehn Jahren seinen Glauben verloren hat
und ihn seitdem sucht.
Und ein anderer begegnete dem Menschen,
nach dem er ein halbes Leben lang gesucht hat.

Das alles in einer einzigen Stadt.

Beide erinnern sich auf den Tag genau daran,
wie jeglicher Zusammenhang verlorenging,

bzw. in einem einzigen Blickwechsel offenbar wurde.
Und beide liegen noch immer im Streit, was wahrer ist.
Glück oder Unglück.

Indessen zieht das eigene Handeln wie seit
Jahrhunderten, bedacht und blind zugleich,
uns erwartungsvoll in die Zukunft.

Angela Krauß

ORTE

Wo steht diese Stadt, die Begehrte, die Niegesehene?
Die sich tausendmal aufgelöst hat vor unseren Schritten.
Die ihre Aura aus Spiegelungen trägt
wie eine Monstranz.
Deren Schönheit nichts Vertrautes verspricht.
Die uns Verlassen und Aufbruch befiehlt,
Trennung und Verrat
Die uns treu bleibt, wenn wir uns abwenden.
Die hinter jeder kleinen Dauer, in der wir uns einrichten,
bald schon wiederersteht.
Hinter allem, was tröstet.

Steil über den warmen Mauern unseres Hauses
können wir nachts ihr blaues Wetterleuchten sehn.

Swen Friedel

DAS BALLONGLÜHEN

Wie jedes Jahr im Juli
scharen sie sich zu Dutzenden
bei Anbruch der Dunkelheit
auf der Wiese am Silbersee.

Immer mehr Leute drängeln
zum Zaun, um sie besser zu sehen,
nein, nicht Werbeballone, sondern
rare Wesen; zusammengepfercht

und festgezurrt suchen sie Halt
in ihrer Größe, die hier unten
so weit herausragt. Sie schnauben
Feuer in ihre wankenden Körper,

ihr Atemholen – für uns ein Spektakel.
Ist es das, was sie unsicher macht?
Versuchen sie, im Dunkeln zu verharren
wie ringsum die Bäume? –

Am nächsten Tag schweben sie
über der Stadt, beruhigt,
eine grasende Herde
in vorgefundenen Gefilden.

Wir schauen auf zu ihnen
und sind froh, daß sie
zumindest eine Zeit lang
bei uns leben können.

Swen Friedel

FÜR DAS VÖLKERSCHLACHTDENKMAL

Rußig düsteres Denkmal, sieben Jahre
Ausblick des Heimischen als ein gigantisches
Granit-Gähnen auf dem Hügel
Für den ständig kränklichen Jungen,
Der Käfern die Beine ausriß, dann Anteil nahm
Und später mit fatalistischer Freude
Die eigenen Verluste nährte und schürte.

Das Haus von einst ist seiner Leere ausgesetzt.
Die weiß gekleidete Witwe sucht noch immer
einen liebenswerten Käufer.
Sie ließ die Gardinen vor den erkalteten Räumen.
Das Gartentor zur Straße fällt ins Schloß:
Dieser einstige Wink ist nun nichtig
Mit diesem Luftzug, der ins Gesicht zwickt.

Ich setze die ersten Fußstapfen
In den verschneiten Amselpark, die eingehellte
Schneekugelstille, mit mir allein
Wie Napoleon als souveräner Fürst
Auf Elba, nachdem „im bunten Gewirre
An Gegenwehr nicht mehr zu denken war".
Es ist Privatheit, die Frieden stiftet.

Altes Denkmal, trag einen Mythos bei;
Hier tauchst du auf, bekleckst mit Taubendreck,
Tauwasser sickert jedes eiserne Jahr
In deinen schlecht belüfteten Schädel, wühlt,
Treibt den Schwund voran, bald siehst du dich
Gestützt von dutzenden Stahlpfählen.
Deine Sanierung wäre der Bankrott der Stadt.

So hockst du vor dem Teichrechteck, dösend,
Mit deinem Krebstreiben in Windesweiten …
Und bist noch immer das äthertaube Fabeltier
Mit dem sich Leben arrangierte
Als Ameisenleben, hartnäckig
Stöckchen tragend und Samen anbeißend.
Und leere Zangen wollten Leere bezwingen:

Mit Suse Rodeln auf deinem Hügel;
Schnee brandete, wir kreischten, Blut tropfte.
Mit Susan Balanceakte auf deinem Spiegel;
Sie glitt so leichtfüßig außer Reichweite.
Und mit Susanne die engen Wendeltreppen hinauf
Zur Plattform, von wo aus wir rotgesichtig
Untereinander die Stadt aufteilten.

Ein so anderes Volk behaust deinen Schädel:
Ein Interieur müder Figuren
Von der Krypta bis zur Kuppel; einige
Sind gekränkt vom einfallenden Sonnenlicht,
Andere sind schon eingenickt, drohen,
Aus der Symmetrie zu kippen.
Woran ihr Sinken ermessen? Ich schleiche hinaus.

Auf der Frontseite blickt Sankt Michael
Grübelnd vom Schlachtrelief. Glaubt er noch tapfer
An die Opferfreudigkeit des Volkes?
Nein: Dort unter seinem Helm
Erinnert er sich seiner Flügel,
Doch ist er mittlerweile zu steif,
Der griechischen Haltung zu entfliehen.

Jörg Schieke

DAS LEICHTE WIRD SCHWERER

Wer lächelt
folgt seiner Vergeßlichkeit
oder übt sich in Hohn
(nasse Kohlen zerfallen
wie trockene Blüten)
... daß sich die Augen
ans Dunkel gewöhnen
und die Gedanken
an den, der uns alle ereilt. Diese Wünsch-dir-was-Wimper
auf einer Untertasse, einer Serviette

nach Plagwitz. Piet
zog beim Tanzen immer den Bauch ein
und wurde leichter zwischen den Augen
und hielt das echt Biographische
für das Erfundne

und Sven sollte Nina fragen
ob sie in Thilo verliebt sei, aber ohne zu sagen
daß Thilo es wissen will

in den Schleifen eines anderen Themas, eines vertagten
Urlaubsziels vielleicht
Oder so viele verschiedene Sorten
aus so vielen verschiedenen Schachteln

– alles sah gleich aus; wie die Figuren standen
bevor Markus ins Wasser sprang
oder Nina mit den schön vertrödelten Zöpfen
(und dem schön ... vertrödelten Puls)

hatte einen großen Bruder
ihren Computer
der sich Adressen
Gut merken oder wieder vergessen:
Unglaubliche Tastenkombinationen
für wo wir wohnen
Und man könnte so weiter schwadronen
oder es anders hinkriegen

als Thilo, der wer weiß warum
und zur besten Gewitterzeit
– in die höchste Kastanie gestiegen.

Kerstin Preiwuß

MESSEN

meine freundin weiß von dornröschen
war ein schönes kind
bis zum jahrhundertschritt
zählt niemand gern die zeit zurück,
und wie im schlaf probiert sie neue kleider an
dem prinzen, dem kaiser
zu ehren im takt,
doch in seinen kleidern der kaiser
ist nackt

Ulrike A. Sandig

TERRITORIUM

das licht hat eine konsistenz
von erde und von glas.

als nass die zeit zwischen orten
verlegte erliebte uns
teerfuß und kabelgestank.

als wabenschwarzer abgas
verglaste und rauchte
wider die Worten. das war

als das licht unsere laute
versprengte dynamitgleichen
zeichen den horizont schenkte.

Marlen Pelny

DEMONSTRIERT MEIN HERZ

hier geht der Himmel auf und die Sonne über.
auf manchen Steinen steht der Sommer.
es riecht nach Staub. doch es ist nicht Tag.
da liegen die Menschen. tot oder fast.
die anderen singen. sowas wie Vögel.
ich rede mit meinen Fingern. im Zimmer und im Café.
ich bin einsam und laut.
und manchmal schneit mein Busen im Schlaf.
es regnet die Wände herunter.
weil ich lange nicht weiß wo wir waren.
mein Fuß regiert die Welt.
ich trete mir den Kopf.
es blutet. der große Zeh.

Uwe Kolbe

ODE AN LEIPZIG

Ode an die Erinnerung

dem Andenken an Norbert Heber (1953–1992)

Das hätten die gern so gehabt. Damals,
der das schrieb, naiv sagt man wohl,
schrieb rasend und war doch so friedlich.
Nur nachts in dem sogenannten Osten,
abseitig vom Bahnhof weg gegangen,
die muffigen, baumlosen Straßen,
dreieckigen Plätze verfehlt, im Suff,
wie sonst, naiv sagt man wohl, brüllte
– wenn den wer gehört hätt, und Norbert!
wat ham wa jelacht! du alter Kletterteufel
am Türrahmen (das war ein „guter Griff"),
wie stets zum Geburtstag den Jahrgang
mir vorgestellt, meist Bohnenstangen,
auch Wein in der Kiste am Küchenfenster,
Meißner Müller-Thurgau, so billig
verglichen mit heute und besser,
wenn ich mich nicht schon wieder täusche,
im sogenannten Osten von Leipzig.
Und über der Durchfahrt am Waldplatz
(ich habe die meisten Adressen vergessen,
bin nachts durch die Täler von Leipzig
wünschelrutegegangen, früh in die Milch
und die Semmeln, die vor den Kindergärten
auf solche Desperados warteten, Scheiß,
das hieß Volkseigentum) die Schönste,
Genießer landauf oder ab stimmen ein,
da gab es ein Weib anzudichten, doch leider
war nie dergleichen zu lesen. Versuche, ja.
Versuche auf Wunsch aber gibt es erst,

wenn ausgesucht ist, wenn gefunden wird.
Mein Pilzsammlervollblut kennt das,
wir fielen von Leipzig nach Norden
das erste von tausendmal ineinander.
Ich spinne, ich spinne, Leipzig!
Und einer verkommenen Bude
steil unterm Dach, Gauben, poröser,
sei noch zu gedenken, der Feste
der Freundschaft mit Carepaketwürstchen
aus Westen – dein Ofen brachte uns
beinahe um. Und o der Badewanne
am Karlsplatz, in die wir pissten,
wenn wir die Aufwartung machten,
wenn vorgeführt wurde, dämlich
geschwatzt, naiv sagt man wohl
zu einem, der dazu bereit ist, sich stellt,
sich damals immer gestellt hat.
Weg sind sie alle, alle sag ich, naiv
sagt man wohl, bleibt man trotzdem,
gewinnt eine Haltung wie Kupfer, die ab-
gesoffnen Basaltporphyrlöcher (ich finde
es nicht im Lexikon, Norbert, laß uns
nochmal, du hast mich da hingebracht,
sag nochmal Bescheid, am Waldrand
um Feuerholz, die Frauen im Wasser)
– was hatten wir vor nach dem,
was durch? Ode an Norbert! und an,
die heut noch sich lieben, die Paare
von Leipzig, nach Umwegen wieder
zurück, vielleicht, Connewitz damals,
und heut geht die Pleiße auf, das hat was,
doch wenn ich noch einmal, gefragt
– naiv sagt man wohl –, sagte,
heißt wüsste: Es wär eine blasse,
schmalhüftige Frau, die schweigt nun,

verhohlene Liebe. Und einmal
war unterm Nebel und Grün
der Teppich von Märzenbechern
bereitet, und nichts geschah. Und zwei
sind Freunde gewesen in Leipzig,
zu denen gehen wir aber noch immer
lernen, du da und ich: Wir teilen
das Sentiment, in slawische Wässer
die Angel zu stippen, naiv sagt man wohl,
und gerne, und dies, lieber Freund,
ist keine Polemik. Ein Garten voll Schweigen
und eine verqualmte Bude voll Lust,
den Untergang zu besingen und darin
zu Tode zu kommen, damals, die Kunst
hieß das nur in Leipzig so sehr. Niemand
hat an die Stadt gedacht, Auferstehung.

Elmar Schenkel

WOLKENZEIT II: FECHNER GEHT DURCH DIE STADT

Als er nichts mehr sah, sah er
Wolken. Gebeugt ging er durch die Stadt,
Der Kopf schmerzte,
Leib hing wie Blinddarm
Am leeren Geäst.
Keine Minute
Konzentriert, verlegte er
Sich auf das Schnitzen von Möhren
Wollezupfen, Zuckerstampfen.
Bei Tisch die Maske, er konnte
Die alle und sich nicht ertragen,
Mit Blech vor dem Kopf
Auch draußen im Park,
Man hörte Lieder daraus:
Eichendorff, deutsche Romantik.
Zahlen entglitten ihm
Wie ölige Häute von Aalen,
Ihm dem einstigen Fechner,
Der die Schritte maß der Soldaten,
Arbeiter und Handwerker. Dem Rechner
Der Sekunden hofierte,
Vor dem Statistik defilierte.
Im Rosental ging er auf und ab,
Ein lebendes Grab.

Die Bürger hätten sich gerne bekreuzigt.
Doch wenn er aufsah, kamen
Die Wolken, der Staub, wie
Durch eine Ritze rieselte es: seit einer
Frau in Leipzig es träumte
Von jenem Rezept. Roher Schinken,

In Wein eingelegt, gewürzt, mit Zitrone
Übergossen. Fechner beginnt wieder
Zu essen. Mit dem Appetit
Kommen die Wolken und aus der Ritze
Rieselt es Zukunft.

Von Haus Scherlstrasse eins,
Gleich quer gegenüber die
Turnenden Männer und Frauen,
Kinder des altbärtigen Jahn
An Schwingen und Schaukeln,
Erdrückt von Gewichten
Fitness for Fun heißt das auf deutsch.

Eine Wolke beerengrün schwimmt
Durch das blinzelnde Auge, die junge
Nikolaikirche, ein vom Adel freigefegter
Platz, wo Milch und Honig fließen. In
Der Wolke Lärm
Nicht von Pferdefuhrwerken, aber was?
Unablässiges Schießen, einer Zwergen-
Artillerie? Pfeile eilen hin und her,
Eine Brücke wölbt sich plötzlich im
Wolkengetürm, und bricht gleich wieder zusammen.
Russen ziehen mit Wägelchen ein,
Zerlumpt und singend, ist dies noch
Die Zeit des Bonaparten oder schon
Traktat auf das Unsichtbare,
Vergleichende Anatomie der Engel:
Amerikaner oder Russen? Ein Ruf nach
Frieden hallt im Süden, wächst ein Mal
Und geht in Kanonen unter. Die Schritte
Der Passanten schneller, enger die Röcke,
Frauen wie Männer in Hosen, ist wieder Krieg?
Wolken, Märsche, Staub aus röhrenden Kehlen,

Alte Männer, junge Tücher geschwenkt, Namen
Der Straßen verweht und neu beschrieben.

Fechner taten die Augen weh vor so viel Licht
Bei Nacht, die Maske fast wieder am Gesicht. Doch
Es gab noch ein neues Jahrtausend zu sehn, den Ring
Und den Tunnel, Menschen
Mit mobilen Altären,
Oder Bach in der Luft.
Und den Sieg der Montgolfieren,
Die hell über die Stadt herzogen, während
Möhren weiter in Schüsseln fielen.

Andreas Reimann

BRIEF AUS LEIPZIG

Komm du zurück in diese stadt: sie ist
erkennbar noch. Doch wenn von dannen bleiben,
die sie erinnern: nach bemessner frist
wirst du, sie nennend, nur noch das beschreiben,
was ihr gesicht dir machte schönvertraut
vor jahr und tag. Denn das bemühte treiben
der rudelschaft, die jetzt hier haut und baut,
läuft drauf hinaus, zu liften sie, die alte,
um anzuähneln sie der eignen braut,
die ihrer harrt im fernen hinterwalde,
das arme ding, beschnippelt und gerafft:
(ein spötter sagt: ein hintern ohne falte!)

Ja, ich gestehe: mir ist's rätselhaft,
warum so stur sie wiederholen wollen
all ihre fehler, und mit leidenschaft!,
indess die unsre lau verblaßt zum grollen
verlöschenden gewitters. Unser zorn,
auf kleiner flamme köchelnd, ist verquollen
zum quacker-brei, wir selber sind verlorn
für ein gespräch: es geht der wein zunichte,
weil wir den most, bevor er ausgegorn,
hinuntergurgeln, und im splitterlichte
nur zeit uns bleibt – statt miteinander zu streiten –,
für ein paar dürre nun-wie-geht's?-berichte …
Und sollten einst wir wie in alten zeiten
zusammensitzen, freund, wird es geschehen,

daß wir verklärend ins vergangne gleiten.
Denn rückkehr wird zum nimmer-wiedersehen
dem, der zu lange auf dem meere treibt.

So komm nach haus: zum tun. Zum ruhn. Zum schmähen:
daß fremd-sinn nicht die stadt sich einverleibt
und anders sie als andre städte bleibt.

Marlen Pelny

KOMMEN SIE VON HIER?
NEIN ICH GEHE VON HIER.

In deinen Kieselsteinen, Stadt, gehe ich zu Boden,
und reibe mein Gesicht in deine rauhe Haut.
Ach, ich hasse dich, wie du mich siehst,
mich über deine Wasser schiebst Venedig.
Venedig wolltest du sein
und deinen Kaufmannsladen über Flüsse tragen.
Da wo jetzt Enten wohnen
und Kindern hartes Brot gehört.
Ich trete deinen Silberbauch und lege mich in Bürgersteige,
die nur hierhin gehören, wo ich schweige:
Ich vermisse dich
weil du da bist, wo du bist, und ich.

Da sind sie nun alle, die ganz Großen der Literatur, irgendwann einmal in Leipzig gewesen, und es waren in den meisten Fällen auch nicht gerade ihre widrigsten Stunden, die sie in dieser Stadt verbrachten. Also möchte man meinen, bei der Herausgabe einer Anthologie von Versen über diese Kommune fiele die Auswahl unter den trefflichsten Gesängen ihrer Besucher und heimischen Dichter schwer. – Man muß danach suchen, wenn man dem Leser nicht gerade ein Sammelsurium sächsischer Stimmungslieder zumuten möchte.

Dies mag insbesondere die heimatstadt-stolzen Bürger Leipzigs erstaunen, die sich schier unumstößlich damit brüsten, immerhin habe schon Goethe verkündet: „Mein Leipzig lob' ich mir!/Es ist ein klein Paris, und bildet seine Leute". – Nein, es ist einem Ortsansässigen kaum begreiflich zu machen, daß sich der Geheime Rat, indem er diese Worte von einem der angetrunkenen Studenten in Auerbachs Keller daherplappern läßt (Faust I/5), mit der berühmten Formulierung also fast böse ironisch gegen gewisse lokalpatriotische Selbstüberschätzungstendenzen wendet, die bis auf den heutigen Tag vor Ort nicht ganz ausgestorben sind. Aber vielleicht könnte man den auf genannten Spruch Eingeschworenen zur Verdeutlichung des Unterschieds zwischen eines Autors Meinung und der Aussage einer seiner Bühnenfiguren einmal darauf hinweisen, daß wohl keiner von ihnen behaupten würde: „Schon Goethe hat gesagt ...", wenn er dieser Einleitung das berühmte Zitat aus dem „Götz von Berlichingen" anzufügen gedächte.

Pardon!: Als alter Leipziger weiß ich natürlich, daß man einem alten Leipziger auch mit solch einem Argument den klassischen Spruch nicht vergällen kann: Er gehört zu seinem Selbstverständnis ebenso wie die Behauptung, daß „Platz war (...)/im windschiefen Häuschen in Gohlis/für die Freude von Millionen“ (Georg Maurer). Erfahren zu müssen, daß Schillers Gedicht, durch Beethovens Neunte Sinfonie weltweit verbreitet, nun doch nicht in der Menckestraße, sondern mit großer Wahrscheinlichkeit auf Körners Weinberg in Dresden-Loschwitz zu Papier gebracht wurde, ist zweifellos bitter! Und so stelle ich mir, durchaus mein legendenanhängliches Gemüt nicht verleugnend, die bange Frage: Ist Leipzig vielleicht gar keine die Poeten beflügelnde Stadt?

Diese Anthologie, die sich auf lyrische Äußerungen aus den letzten einhundert Jahren beschränkt, beweist mit über 80 Autoren das Gegenteil. Und widerlegt es.

Und doch gibt es triftige Gründe, warum unsere vertraute Heimatstadt nicht eben sehr häufig leibhaftig in der Poesie genannt wird, wobei der erste, von Georg Maurer unter Verwendung eines Johann-Sebastian-Bach-Zitats formulierte, lauten mag: „An einem runden Tisch schreib' ich dies auf/in einer den Musen bitteren Stadt Leipzig/und sage: ‚Mein Urenkel wird sagen:/Das schrieb mein Ahn in einer den Musen bittern Stadt auf.‘/Dann wird morsch sein der runde Tisch und vielleicht süß die Stadt./ Und mein Urenkel sagt: ‚Das schrieb mein Ahn auf/ in einer den Musen bitteren Stadt Leipzig‘“.

Allerdings täuscht auch die Wiederholung der Geschmacksrichtung natürlich nicht darüber hinweg, daß die den Musen angebotene Speise wahrlich auch andernorts in Deutschland höchst selten mit Honig angerührt wird.

Hingegen ist es eine unumstößliche Tatsache, daß dieses Gemeinwesen aus der Sicht der Poeten von vornherein ein paar territoriale Nachteile hat: Nirgendwo ein brausendes Meer in Sicht; nicht einmal ein nennenswerter, in die Welt hinausführender Strom! Keine dräuenden Gebirgsmassive; weder unübersichtlich düstere Wälder noch steppen- oder wüstenartige Weiten!

Andererseits bot Leipzig den Dichtern auch nie jene, die expressionistische Lyrik prägende, Großstadtekstase und -wirrnis an; nicht einmal riesige, menschenverschlingende, zur Dämonisierung prächtig geeignete Fabriken waren in dieser Gegend aufzufinden!

Selbst die zweimal jährlich stattfindende Messe, vielleicht von uns Sachsen als „heggdsches Durcheenander-Gehubbe" empfunden, unterschied sich für die Auswärtigen von der anderen Orts üblichen marktschreierischen Geschäftemacherei wohltuend gerade durch ihre ausgeglichene Atmosphäre!

Und so spricht wohl auch der Mangel an überschwenglichen Elogen gleichwie die Tatsache, daß außer eingangs genanntem Goethe-Sprüchlein kaum Kritisches oder gar Böses über Leipzig in der Lyrik zu finden ist, eigentlich *für* diese Stadt: Wer in geordneten oder zumindest überschaubaren Verhältnissen aufwächst, dess' Maul läuft selten voll des Lobes über. Bestenfalls erwähnt er die „verlorene Idylle" am Rande des Alters in seinen Memoiren, und, falls er einige Zeit in dieser Stadt zubrachte, erinnert er sich dann vielleicht der streit-fröhlichen Künstlerrunden in Wilhelms Weinstuben, im Café Merkur oder im Felsche in den ersten Jahrzehnten des vorigen Jahrhunderts oder der bis zur wermutigen Trunkenheit durchgesessenen Diskussionen über Gott und die Welt im alten Corso im Gewandgäßchen bzw. dessen späterer Niederlassung am Naschmarkt.

Und zu der erwähnten „Welt" gehörten zwar die ideologischen Quacksalbereien und irrealen Entscheidungen der jeweiligen Stadt- oder Bezirksoberen, niemals aber so etwas wie das als selbstverständlich angenommene alltägliche Umfeld!

Dabei ist durchaus vorstellbar, daß die Herren Künstler (die Damen erwähne ich lediglich ihrer vorwiegenden Abwesenheit wegen nicht!) im Café Merkur in den zwanziger Jahren ebenso wehmütig auf jene Zeiten zurückblickten, in denen Goethe in Auerbachs Keller oder E.T.A. Hoffmann und später Robert Schumann und die „Davidsbündler" im Kaffeebaum zechten, wie man später im Café Corso gelegentlich neidvoll über das „rege geistige Leben im Leipzig nach der Jahrhundertwende" sprach.

Ach, welch große und vielbewunderte Künstler doch anno dazumal die Stühle in den Cafés besetzt hielten!

Dabei war es ein schnauzbärtiger Unbekannter mit schwächlichem Magen, der im „Schweizerhäuschen" am Rande des Rosentals vor sich hin mäkelte, in dem natürlich keiner einen Friedrich Nietzsche vermutet hätte. Und jener Erich Kästner, der das Merkur betrat, war ein durchschnittlicher Redakteur einer Leipziger Zeitung. Den kleinwüchsigen, dem Alkohol deutlich wohlgesonnenen Seemann aus Wurzen kannte man unter Umständen von seinen Auftritten in Hans Reimanns Literarischem Kabarett „Die Retorte", aber die Verse seines Vaters Georg Bötticher waren dem braven Bürger doch vertrauter. Aus genanntem Etablissement kannte man eventuell auch schon den als „Mädchen für Alles“ engagierten Erich Weinert: Ein trotziger, dichtender Jüngling, der seine Bestimmung als „Dichter der Arbeiterklasse“ freilich noch nicht einmal erahnte. Auch saß da mal einer, still, aber auffällig großäugig in der Ecke, das war ein netter Versicherungsangestellter aus Prag namens Kafka oder so ähnlich, der war nicht mit *dem* Kurt Wolff, sondern mit einem jugendlichen Dandy verabredet, der mitten in der Stadt der Verlage Brockhaus, Reclam und Insel den blubbernden Most jugendlicher Wirrköpfe keltern wollte! Damals hatte man noch nicht den Namen „Expressionisten“ für sie erfunden, und obgleich sie es inständig hofften, wußten sie es noch nicht, daß sie einmal in der Literaturgeschichte Unterschlupf finden würden. Ja, auch der quirlige, junge, aber schon etwas rundliche Typ hörte gewiß schon auf den Namen Ernst Rowohlt, aber er hatte sich noch keinen gemacht.

Über die also sprachen ein wenig sehnsuchtsverklärt später im Corso vermutlich auch Uwe Johnson, Christa Wolf, Volker Braun und Christoph Hein.

Aber als ich mit Georg Maurer und Erich Arendt Mitte der Sechziger abends einmal in der „Csárdás“ einkehrte, erkannten dort zwar manche den ersteren der beiden bedeutenden Dichter, aber keiner den anderen. Das kommt: Leipzig, die mittlere Groß- und sich vormals zur Messezeit gar als Weltstadt gebärdende Kommune, ist durch ihr eng begrenztes Zentrum auch immer eine Kleinstadt geblieben, in der jeder jeden kennt. Und Maurer, Poetik-Professor am hiesigen Institut für Literatur, gehörte quasi zu den „Honoratioren“, denen man achtungsvoll begegnete, auch wenn man deshalb nicht gleich seine Werke las. Denn der Ortsansässige, so scheint es, ist ein Quartals-Leser: Bei den tatsächlich Hunderten von Literatur- und Autorenpräsentationen in den Tagen der nunmehr nur noch einmal jährlich stattfindenden Buchmesse drängt sich das Publikum zuhauf, aber ansonsten? – Das spricht jedoch nicht dagegen, daß die Leipziger ihre Dichter achten! Schon weil ihnen bewußt ist, daß sie in einer „Buchstadt" leben; ein Begriff, mit dem sie etwas Geistiges verbinden. Er bezog sich allerdings ausschließlich auf eine Ware namens Buch, die eine bis vor fünfzehn Jahren florierende hiesige Druckindustrie in höchster Qualität produzierte, nicht auf den *Inhalt* zwischen den Einbänden.

Freilich, die Wertschätzung ist anrührend, die man hierorts den als Poeten ins Gespräch geratenen in persona entgegenbringt: In welcher Großstadt sonst, bitte, hätte man eine Gedenktafel für den (mittlerweile nahezu vergessenen) Herausgeber von „Auerbachs Kinder-Kalender" Georg Bötticher ausgerechnet am Alten Rathaus angebracht? In welchem Kaffeehaus, wie dazumal im Merkur, einen Eisbecher nach dem putzmunteren Stammgast Hans Reimann benannt, oder später im Café Cather das kunterbunt in Öl gepinselte Konterfei der Unterhaltungsschriftstellerin Hildegard Maria Rauchfuss zu deren Häupten aufgehängt? Solcher Art Anerkennung täuschte zwar nicht hinweg über den Mangel an großen belletristischen Verlagen, die den Mut (und das Geld) besaßen, lyrischen Talenten eine Veröffentlichungschance einzuräumen, aber sie garantierte, daß der jeweilige Poet zumindest nicht in schmerzhafter Anonymität versank wie viele derer, die traumerfüllt, wie einstens die Auswanderer nach Amerika, nach Berlin oder später in den „Westen" zogen.

Als ein kurioses frühes Beispiel der Autorenflucht mag hier Hans Reimann angeführt werden, der als sächsischer Humorist weltberühmt zwischen Dresden-Pieschen und Leipzig-Connewitz gewesen ist und 1923 die Stadt fluchtartig gen Frankfurt am Main verließ. Als „schdurgöbbschr Saggse“ hätte er freilich nie öffentlich zugegeben, wie sehr sein Ego unter dieser Fehlentscheidung litt.

Und umgekehrt: Leipzig zog mit seiner Universität ja auch immer, wenn auch nur vorübergehend, eine Vielzahl von Schreibenden an: Waren es zur Zeit der Aufklärung die Herren Gottsched und Gellert, in deren Vorlesungen sich die Studenten den Einblick in die Zusammenhänge des literarischen Handwerks und der Tradition zu verschaffen gedachten, so suchten sie in der zweiten Hälfte des vorigen Jahrhunderts an der Alma mater lipsiensis dergleichen Hilfe bei den Professoren Ernst Bloch und Hans Mayer. Und es gab kaum einen namhaften Lyriker in der DDR, der sich nicht mit Stolz als Schüler Georg Maurers am hiesigen Literaturinstitut Johannes R. Becher zu erkennen gab. Wohlgemerkt: Als Schüler dieses Dichters, nicht des Instituts! Denn ansonsten gab es dortselbst nicht viel zu lernen: Wer als Dichter hineinkam, kam als Dichter raus. Die anderen waren zwar auch drin, blieben aber nachweislich draußen bei der Literatur. – Freilich verließen all die zum Studium Herbeigeeilten hernach wieder die gastliche Stätte in heimatliche Richtung oder entgegen einem ungewissen Ruhm …

Hingegen ist der – einem Autor niemals genügende – lokale Ruhm immerhin gesichert. Und vermutlich ist es auch ihm zu verdanken (oder anzulasten), daß die in Leipzig geborenen oder seßhaft gewordenen Dichter nach 1945 meist ein merkwürdig unkritisches Verhältnis zu ihrer Stadt artikulierten. Oder ist dies ein Zeichen mangelnder Zivilcourage? Oder eins von ortsverbundener Nachsichtigkeit? Oder gar eins der „Einsicht in die (vermeintliche) Notwendigkeit“? – Unterstellen wir in diesem Zusammenhang einfach mal, daß sie sich auch sehenden Aug's in Leipzig wohl fühlten, und versuchen an dieser Stelle gar nicht erst, genannte Fragen zu beantworten: Die vorliegende Anthologie ist eine Sammlung von heiteren und ernsten, kunstvollen oder manchmal nur gelegentlichen Gedichten an und über diese Stadt. In jedem Fall jedoch: Liebesgedichte.

Und so will ich nicht länger auf jedes Gärtners Buch klopfen, sondern mich bei denen einreihen, die die Rosen verschenken.

Andreas Reimann

AUTOREN UND QUELLEN

Apitz, Bruno: geb. 1900 in Leipzig, gest. 1979 in Berlin (Ost), Ausbildung als Stempelschneider, 1917 wegen angeblicher Antikriegspropaganda in Leipzig inhaftiert, in diesem Kontext entstand das Gedicht „Das Blümchen im Gefängnishof", ab 1927 Mitglied der KPD, 1934 erneute Verhaftung, Internierung im KZ Buchenwald bis 1945, nach dem Krieg Redakteur, Verwaltungsdirektor der Städtischen Bühnen Leipzig und Dramaturg der DEFA, seit 1955 freier Schriftsteller in Berlin
Das Blümchen im Gefängnishof (1917) **/31/** *in: Der Drache. Eine ungemütliche Leipziger Wochenschrift. Leipzig, Heft 23, 9. 3. 1921 © Marlis Apitz, Berlin*

Artmann, H. C. (Hans Carl): geb. 1921 in Wien, gest. 2000 ebenda, 1940 zur Wehrmacht eingezogen, 1945 in amerikanischer Kriegsgefangenschaft Arbeit als Dolmetscher, 1947 erste Gedichtveröffentlichungen, arbeitete als Schriftsteller und Übersetzer, ab 1960 viele Reisen, wechselnde Wohnorte in Europa, u.a. auch in Berlin (West), ab 1972 in Salzburg und Wien, im Januar 1991 besuchte er Leipzig, veröffentlichte Lyrik, Prosa, Dramatik, Kinderbücher und Hörspiele
im wunderschönen monat januar (1991) **/249/** *in: Gästebuch der Connewitzer Verlagsbuchhandlung. Leipzig © Connewitzer Verlagsbuchhandlung, Leipzig*

Asenijeff, Elsa (geb. Packeney, verh. Nestoroff): geb. 1867 in Wien, gest. 1941 in Bräunsdorf bei Freyburg/Saale, Ausbildung an der Lehrerinnenbildungsanstalt in Wien, 1896 Umzug nach Leipzig, belegte Philosophievorlesungen an der Universität, lernte dort 1898 den Leipziger Bildhauer Max Klinger kennen und wurde dessen Modell und Lebensgefährtin, veröffentlichte mehrere Schriften zur Frauenfrage und Gedichtbände, verbrachte ihre letzten Lebensjahre als Patientin in der Nervenheilanstalt Leipzig-Dösen
Sonniger Nachmittag **/48/** Frühlingsahnen **/49/** *in: Elsa Asenijeff: Aufschrei. Freie Rhythmen. A. H. Payne Verlag. Leipzig 1922*

Bartuschek, Helmut: geb. 1905 in Gleiwitz, gest. 1984 in Leipzig, 1922 Übersiedlung der Familie nach Leipzig, 1925–1932 Studium der Romanistik, Kunstwissenschaft und Philosophie an der Universität Leipzig, danach verschiedene Stellen im Bürodienst, 1933–1937 Fachschule für Büchereiwesen, seit 1937 Bibliothekar der Leipziger Städtischen Bücherhallen, 1940 zum Kriegsdienst eingezogen, 1948 Rückkehr aus der Kriegsgefangenschaft nach Leipzig, Arbeit im Volksbuchhandel, danach freier Schriftsteller, veröffentlichte seit 1938 Gedichtbände sowie in Anthologien

Nach getanem Werk (September 1965) **/108/** *in: Helmut Bartuschek: Die Häutung des Schlangenkönigs. Ausgewählte Gedichte und Nachdichtungen. Insel-Verlag. Leipzig 1983*

Becke, Julius: geb. 1927 in Leipzig, noch während der Schulzeit zu den Flakhelfern, später zur Wehrmacht eingezogen, 1949 Rückkehr aus der französischen Kriegsgefangenschaft nach Leipzig, bis 1953 Sprecher beim Mitteldeutschen Rundfunk, studierte dann in Frankfurt am Main, danach als Lehrer tätig, veröffentlichte Lyrik und Prosa, lebt heute in Bad Homburg und widmet sich der Kunst
Besuch in Leipzig (1976) **/130/** *in: Julius Becke: Gedichte aus vier Jahrzehnten. Privatdruck. Bad Homburg v. d. H. 1991 © Julius Becke, Bad Homburg*

Berkes, Ulrich: geb. 1936 in Halle/Saale, arbeitete bis 1967 als Dreher, Fräser, Hilfsarbeiter und Lehrer, 1967–1970 Studium am Literaturinstitut Johannes R. Becher, arbeitete danach als freischaffender Schriftsteller in Leipzig, in den 80ern Umzug nach Berlin, veröffentlichte bislang zwei Gedichtbände
Deutsche bücherei **/135/** *in: Ikarus über der Stadt. Gedichte. Aufbau-Verlag. Berlin 1976* – Zimmer (1978) **/133/** Die straße Georg Maurers (1982) **/140/** *in: Ulrich Berkes: Tandem. Gedichte. Aufbau-Verlag. Berlin und Weimar 1984 © Ulrich Berkes, Berlin*

Bernhof, Reinhard: geb. 1940 in Breslau, aufgewachsen im Ruhrgebiet, Lehre als Schlosser, 1963 Übersiedlung in die DDR, 1965–1967 Studium am Literaturinstitut Johannes R. Becher in Leipzig, danach freischaffender Schriftsteller, veröffentlichte zahlreiche Kinderbücher, Gedichtbände sowie in Anthologien
Gohlis **/141/** *in: Leipziger Blätter. Leipzig, Nr. 2, Frühjahr 1983* – Blick vom Uni-Riesen **/156/** *in: Reinhard Bernhof: Leipzig, Hauptbahnhof. Gedichte. Aufbau-Verlag. Berlin und Weimar 1986 © Reinhard Bernhof, Leipzig*

Böhme, Thomas: geb. 1955 in Leipzig, Lehrerstudium, Arbeit als Bibliotheksfacharbeiter, 1981–1985 Werberedakteur bei Edition Leipzig, 1981–1984 Studium am Literaturinstitut Johannes R. Becher, seit 1985 freischaffender Autor in Leipzig, veröffentlichte Gedichtbände, Erzählungen und Romane
Morgen mit Dylan (8. November 1980) **/136/** Jedermann liebt den Samstagabend (18. September 1980) **/144/** *in: Thomas Böhme: Mit der Sanduhr am Gürtel. Gedichte & Gebilde. Aufbau-Verlag. Berlin und Weimar 1983* – Leipzig mit Löchern **/149/** *in: Thomas Böhme: Die schamlose Vergeudung des Dunkels. Gedichte. Aufbau-Verlag. Berlin und Weimar 1985 © Thomas Böhme, Leipzig*

Böhnke, Gunter: geb. 1943 in Dresden, studierte 1963–1968 Anglistik und Germanistik an der Leipziger Universität, 1966 Gründungsmitglied des Kabaretts „academixer", danach Redakteur des Allgemeinen Deutschen Nachrichtendienstes und Englischlehrer an der Humboldt-Universität in Berlin, 1971 Rückkehr nach Leipzig, arbeitete als literarischer Übersetzer und Lektoratsleiter bei Edition Leipzig, seit 1978 Kabarettist bei den „academixern", lebt als freischaffender Autor und Übersetzer in Leipzig
Liebeserklärung **/162/** *in: Der kleine Drache. Ein ungemütliches sächsisches Journal. Leipzig, 5/1988 © Gunter Böhnke, Leipzig*

Bötticher, Georg: geb. 1849 in Jena, gest. 1918 in Leipzig, Vater von Joachim Ringelnatz, Ausbildung als Musterzeichner ab 1863 am Polytechnikum in Dresden und 1866/67 an der Webschule in Chemnitz, 1869 Arbeit in Paris in einem Atelier für gewerbliche Kunst, danach Musterzeichner für Teppiche, Tapeten und Möbelstoffe in Dresden, Mannheim und Jena, 1875 Umzug nach Wurzen, 1887 nach Leipzig, veröffentlichte Prosa und Gedichte, zum Teil in sächsischer Mundart, seit 1900 ausschließlich literarisch, als Autor und Herausgeber, tätig
Spießer-Promenade **/14/** *in: Leipziger Kalender. Hrsg. v. Georg Merseburger. Leipzig 1910*

Bormann, Edwin: geb. 1851 in Leipzig, gest. 1912 ebenda, studierte am Polytechnikum in Dresden und an den Universitäten in Leipzig und Bonn, kehrte 1877 nach Leipzig zurück, zog in das elterliche Haus in der Ranstädter Straße und widmete sich der Literatur
Sünde? **/13/** *in: Leipziger Kalender. Hrsg. v. Georg Merseburger. Leipzig 1906* – Leibz'ger Vandalen-Lied **/16/** *in: Edwin Bormann: Ratsgeller-Fandasien. Neie Boësien von ännen alden Leibz'ger. Selbstverlag. Leipzig 1905*

Braun, Volker: geb. 1939 in Dresden, arbeitete zuerst als Drucker und Tiefbauarbeiter, 1960–1964 Philosophiestudium an der Universität Leipzig, in dieser Zeit wohnte er in einem Haus am Connewitzer Kreuz, nach dem Diplom Umzug nach Berlin, Dramaturg am Berliner Ensemble und Mitarbeiter des Deutschen Theaters, lebt heute als freier Schriftsteller in Berlin
Zueignung zum Zyklus für die Jugend **/105/** In meinem Zimmer **/110/** *in: Volker Braun: Provokation für mich. Gedichte. Mitteldeutscher Verlag. Halle 1965 © Suhrkamp Verlag, Frankfurt am Main*

Bruchmüller, Wilhelm: geb. 1872 in Genninsch-Warthebruch, gest. 1935 in Plauen, Studium in Greifswald und Leipzig, 1897 Promotion zum Dr. phil., lebte als Schriftsteller in Leipzig, Berlin und Tannendorf bei Krossen, verfaßte historische und kulturhistorische Werke sowie Gedichte, 1898 Volontär des historischen Archivs der Stadt Köln, später Redakteur der „Leipziger Zeitung“, lebte ab 1925 in Plauen
Leipzig **/15/** *in: Leipziger Kalender. Hrsg. v. Georg Merseburger. Leipzig 1906* – Der alte Johannisfriedhof **/29/** *in: Leipziger Kalender. Hrsg. v. Georg Merseburger. Leipzig 1914*

Czechowski, Heinz: geb. 1935 in Dresden, Lehre als grafischer Zeichner und Reklamemaler, in verschiedenen Berufen tätig, 1958–1961 Studium am Literaturinstitut Johannes R. Becher in Leipzig, danach bis 1965 Lektor beim Mitteldeutschen Verlag in Halle, 1971–1973 Dramaturg an den Städtischen Bühnen Magdeburgs, ab 1975 Lektor im Reclam Verlag in Leipzig, seit 1978 freischaffender Schriftsteller ebenda, später Übersiedlung nach Frankfurt am Main, veröffentlichte zahlreiche Gedichtbände und Prosa. Das Gedicht „Hier“ spielt auf die Richterstraße in Leipzig-Gohlis an, wo sich die Villa des Verlegerehepaares Katharina und Anton Kippenberg befand.
Spaziergang **/157/** Hier **/158/** *in: Heinz Czechowski: Kein näheres Zeichen. Gedichte. Mitteldeutscher Verlag. Halle und Leipzig 1987* – Zuendegelebt zuendegenarrt **/171/** *in: Nicht allein im Rosental. Leipziger Ansichten. Kinderbuchverlag. Berlin 1989*

Demmler, Kurt: geb. 1943 in Posen (Poznan), 1963–1969 Medizinstudium an der Leipziger Universität, daneben bereits Debüt als Liedermacher und Texter, bis 1976 hauptberuflich als Allgemeinmediziner tätig, danach widmete er sich ausschließlich der Musik, er schrieb unter anderem für die Gruppen ‚Karat‘ und ‚Renft‘ und gilt heute als der erfolgreichste Rocktexter der DDR
Die Liebigstraße (1983) **/148/** *in: Bernd-Lutz Lange (Hg.): Liederliches Leipzig. Noten und Liedtexte zum Stadtrundgang. Edition Peters. Leipzig 1987*

Drawert, Kurt: geb. 1956 in Henningsdorf in Brandenburg, wuchs in der Nähe von Berlin auf und zog 1967 nach Dresden, Ausbildung zum Facharbeiter für Elektronik, machte sein Abitur auf der Abendschule und war danach an verschiedenen Stellen als Hilfsarbeiter tätig, 1982–1985 studierte er am Literaturinstitut Johannes R. Becher in Leipzig und zog 1985 ganz in die Messe-

stadt, 1993 Umzug nach Osterholz-Scharmbeck in Niedersachsen, veröffentlichte zahlreiche Gedichtbände, Romane, Essays, Theaterstücke und Hörspiele
Andere Arbeiter, ein anderer Herbst (1989) **/172/** *in: Kurt Drawert: Fraktur. Lyrik, Prosa, Essay. Reclam Verlag. Leipzig 1994 © Suhrkamp Verlag, Frankfurt am Main*

E. B.: Mitarbeiter der Leipziger Zeitung, Identität konnte bislang nicht geklärt werden
Sternblütige Magnolie (Leipziger Palmengarten) **/90/** *in: Leipziger Zeitung, 28. 3. 1947*

Ebersbach, Volker: geb. 1942 in Bernburg, Studium der Germanistik und Altertumskunde in Jena, 1967 Promotion, 1967–1976 Deutschlehrer am Herder-Institut der Karl-Marx-Universität Leipzig und am Kulturzentrum der DDR in Bagdad, seit 1976 freiberuflicher Schriftsteller in Leipzig, veröffentlichte zahlreiche Gedichtbände sowie Erzählungen und Romane
Bärenlauch **/138/** *in: Poesiealbum. Volker Ebersbach. Verlag Neues Leben. Berlin 1981 © Volker Ebersbach, Leipzig*

Eggebrecht, Axel: geb. 1899 in Leipzig, gest. 1991 in Hamburg, nahm als Soldat 1917/18 am ersten Weltkrieg teil und studierte danach Germanistik und Philosophie in Leipzig und Kiel, seit 1921 Pressechef einer Filmfirma in Berlin, ab 1925 Dramaturg bei der UFA, bis 1933 Mitarbeiter der „Weltbühne“ und der „Literarischen Welt“, nach dem zweiten Weltkrieg am Aufbau des Rundfunks in Hamburg beteiligt, bis 1949 Abteilungsleiter beim NWDR, danach freier Autor in Hamburg, veröffentlichte Gedichte, Romane, Novellen, Essays und Hörspiele
Abend **/36/** Unsere Generation **/37/** *in: Axel Eggebrecht: Gedichte. Leipzig 1920 © Arbeiterwohlfahrt, Landesverband Hamburg e.V.*

Endler, Adolf: geb. 1930 in Düsseldorf, siedelte 1955 in die DDR über und studierte bis 1957 am Literaturinstitut Johannes R. Becher in Leipzig, dann wohnhaft in Berlin als Schriftsteller sowie als Kranführer und Transportarbeiter, lebte 1984–1990 wieder in Leipzig, seitdem als Lyriker, Kritiker, Essayist und Prosaist in Berlin, veröffentlichte mehrere Gedichtbände
Karl-Heinzens Lied (1993) **/185/** *in: Adolf Endler: Der Pudding der Apokalypse. Gedichte 1963–1998. Suhrkamp Verlag. Frankfurt am Main 1999 © Suhrkamp Verlag, Frankfurt am Main*

Erb, Roland: geb. 1943 in Töppeln bei Gera, studierte von 1961–1966 Romanistik an der Universität Leipzig und arbeitete danach als Verlagslektor, 1978/79 Student am Literaturinstitut Johannes R. Becher, lebt heute als freischaffender Schriftsteller in Leipzig, veröffentlichte Gedichtbände sowie zahlreiche Übersetzungen und Nachdichtungen
Hinteres Rosental **/177/** Deutrichs Hof, leicht beschädigt **/178/** *in: Leipziger Blätter. Leipzig, Nr. 16, Frühjahr 1990* – Sprengung der Paulinerkirche im Jahr 68 **/186/** *in: Roland Erb: Märzenschaf. Gedichte. Hellerau-Verlag. Dresden 1995 © Roland Erb, Leipzig*

Friedel, Swen: geb. 1977 in Leipzig, studierte vier Semester Allgemeine Sprachwissenschaft, Vergleichende Literaturwissenschaft und Philosophie an der Leipziger Universität, seit Oktober 2000 Student am Deutschen Literaturinstitut Leipzig
Das Ballonglühen (2003) **/192/** Für das Völkerschlachtdenkmal (2003) **/194/** *bislang unveröffentlicht © Swen Friedel, Leipzig*

Fuchs, Günter Bruno: geb. 1928 in Berlin, gest. 1977 ebenda, wuchs in Berlin auf, 1944 Arbeitseinsatz als Luftwaffenhelfer und Gefangenschaft, Ende 1945 Rückkehr nach Berlin, Aufnahme eines Studiums an der Hochschule der Bildenden Künste sowie an der Meisterschule für Grafik und an der Ingenieurschule für Hochbau (ohne Abschluß), arbeitete als Schulhelfer, danach verschiedene Tätigkeiten, gründete mit anderen in Berlin die Hinterhof-Galerie Zinke und die Rixdorfer Drucke, war grafisch und literarisch für verschiedene Verlage und für den Rundfunk tätig, von ihm erschienen seit 1954 zahlreiche Erzählungen, Gedichtbände, Romane und Hörspiele
Aus freundlichen Büchern **/114/** *in: Günter Bruno Fuchs: Blätter eines Hof-Poeten & andere Gedichte. Carl Hanser Verlag. München 1967 © 1997 Carl Hanser Verlag, München – Wien*

Gosse, Peter: geb. 1938 in Leipzig, 1956–1962 Studium der Hochfrequenztechnik in Moskau, Arbeit als Diplomingenieur in der Radartechnik und als Automatisierungsingenieur, seit 1971 Aspirant, ab 1973 Lehrer und ab 1984 Dozent für Lyrik am Literaturinstitut Johannes R. Becher in Leipzig, veröffentlichte Lyrik, Prosa und Hörspiele, lebt heute als Schriftsteller in Leipzig
An den Rat der Stadt Leipzig **/118/** *in: Peter Gosse: Antiherbstzeitloses. Gedichte. Mitteldeutscher Verlag. Halle 1968* – Der Schleußsche Fußballplatz **/163/** *in: Poesiealbum. Peter Gosse. Verlag Neues Leben. Berlin 1988 © Peter Gosse, Leipzig*

Grüneberger, Ralph: geb. 1951 in Leipzig, 1978–1982 Studium am Literaturinstitut Johannes R. Becher, lebt heute als Autor in Leipzig, veröffentlichte zahlreiche Gedichtbände sowie Liedtexte, Prosa, Essays und Literaturkritik. „Einmal eine Wohnung haben" wurde von Thomas Heyn vertont.
Einmal eine Wohnung haben **/143/** *in: Erwägungen. Leipzig, 3/1982 © Ralph Grüneberger, Leipzig*

Grünert, Steffen: geb. 1962 in Leipzig, lebte bis 1989 in Connewitz, veröffentlichte lyrische Texte und Fotografien in verschiedenen Privatdrucken, lebt und arbeitet seit 1990 in Berlin, Potsdam und Okole (Polen)
Connewitz (1988) **/167/** *in: Peter Hinke (Hg.): SNO'BOY. Leipzig, Heft 1, Februar 1989 © Steffen Grünert, Berlin*

Hart, Jürgen: geb. 1942 in Treuen im Vogtland, gest. 2002 in Leipzig, studierte an der Leipziger Universität Pädagogik in den Fächern Deutsch und Musik, 1966 Mitbegründer des Studentenkabaretts „academixer", Leiter des Poetischen Theaters der Karl-Marx-Universität Leipzig, später Leiter, dann bis 1991 Direktor der „academixer", schrieb seit 1966 über 40 Programme und über 300 Lieder für seine Leipziger Spielstätte
Der King von Leipzig-Ost **/153/** *in: Der kleine Drache. Ein ungemütliches sächsisches Journal. Leipzig, 1/1985* – Mir bleim hier (1990) **/180/** *in: Jürgen Hart: Ostproben. Geschichten und Lieder aus Mitteldeutschland. Hohenheim Verlag. Stuttgart und Leipzig 2002 © Katrin Hart, Leipzig*

Hasenclever, Walter: geb. 1890 in Aachen, gest. 1940 in Bouches-du-Rhône, studierte 1909–1913 Germanistik und Philosophie in Leipzig, 1914 meldete er sich als Kriegsfreiwilliger und studierte bis zu seiner Einberufung in Bonn, 1924–1928 Korrespondent des Berliner „8-Uhr-Abendblattes" in Paris, ab 1929 als Schriftsteller in Berlin, ab 1933 im französischen Exil, 1940 nahm er sich im Internierungslager in Les Milles das Leben, von ihm erschienen zahlreiche Gedichtbände, Romane und Theaterstücke. Das Gedicht „Erster Flug" war inspiriert von seinem Rundflug über Leipzig, der ihm 1911 vom Leipziger Tageblatt geschenkt worden war mit der Auflage, später in der Zeitung über seine Erlebnisse zu berichten.
Leipzig **/19/** Erster Flug (1911) **/20/** Der Jüngling (Auszug) **/28/** *in: Walter Hasenclever. Sämtliche Werke. Bd. 1 Lyrik. Hrsg. v. Dieter Breuer und Bernd Witte. von Hase & Koehler Verlag. Mainz 1994 © Deutsche Schillergesellschaft, Marbach am Neckar*

Hensel, Kerstin: geb. 1961 in Karl-Marx-Stadt (Chemnitz), studierte an der dortigen medizinischen Fachschule und war als Krankenschwester tätig, ab 1983 Studentin am Literaturinstitut Johannes R. Becher in Leipzig und Aspirantin am Leipziger Theater, seit 1987 freie Schriftstellerin in Berlin, verschiedene Lehraufträge, u.a. an der Hochschule für Schauspielkunst „Ernst Busch" in Berlin und am Deutschen Literaturinstitut Leipzig, veröffentlichte zahlreiche Gedichtbände, Erzählungen und Romane sowie Spielfilmszenarien, Libretti, Hörspiele und Theaterstücke
Prost, Martha, die du mich klassisch **/183/** Silvestrion **/184/** *in: Kerstin Hensel: Gewitterfront. Lyrik. Mitteldeutscher Verlag. Halle 1991 © Kerstin Hensel, Berlin*

Hilbig, Wolfgang: geb. 1941 in Meuselwitz bei Leipzig, Lehre als Dreher, nach dem Wehrdienst tätig als Werkzeugmacher, Hilfsschlosser und Abräumer in einer Ausflugsgaststätte, 1967/68 von seinem Betrieb zu einem „Zirkel schreibender Arbeiter" nach Leipzig delegiert, von 1970–1978 als Heizer in Meuselwitz und Ost-Berlin, seit 1979 freier Schriftsteller in Berlin und Leipzig, 1985 per Visum Ausreise in die BRD, lebt heute als Schriftsteller in Berlin, veröffentlichte seit 1979 Lyrik und Prosa
geste (1968) **/122/** abwesenheit (1969) **/123/** *in: Wolfgang Hilbig: abwesenheit. gedichte. S.Fischer Verlag. Frankfurt am Main 1979* – die ruhe auf der flucht (1985) **/151/** *in: Wolfgang Hilbig: die versprengung. gedichte. S.Fischer Verlag. Frankfurt am Main 1986 © S.Fischer Verlag, Frankfurt am Main*

Hönisch, Friedel: geb. 1909 in Leipzig, gest. 1999 ebenda, Auftritte als Sängerin, Tänzerin und Lautenspielerin, 1930 zur „Miß Leipzig" gewählt, später Automobilistin, fuhr u.a. am Nürburgring und 1933–1935 die Rallye Monte Carlo, Auftritte im Leipziger Kabarett „Die Rampe", nach dem zweiten Weltkrieg Soloprogramme in verschiedenen Varietés mit eigenen und von Heinz Kopsch geschriebenen Texten, auch in sächsischer Mundart
Meine 2 großen Winsche **/91/** Feine Zeidgenossen **/93/** *in: Friedel Hönisch: Meine selbstverfaßten Gedichte. Aus dem Nachlaß. Stadtbibliothek Leipzig (o. J.) © Walpurgis Brückner-Curth, Weimar*

Igel, Jayne-Ann: geb. 1954 in Leipzig, 1972–1978 Lehre in der Deutschen Bücherei und Anstellung im Buchhandel in Leipzig, 1978–1982 Theologiestudium und Beginn der schriftstellerischen Arbeit, bis 1988 tätig im Gesundheitswesen, danach freiberufliche Schriftstellerin, veröffentlichte bis 1989 unter dem Namen Bernd Igel, lebt heute als freiberufliche Autorin und Herausgeberin in Dresden, veröffentlichte mehrere Gedichtbände sowie in zahlreichen Anthologien und Zeitschriften

Außerhalb von uns selbst gibt es keinen sicheren Ort mehr (Januar 1989) **/169/** *in: Poesiealbum. Bernd Igel. Verlag Neues Leben. Berlin 1989 © Jayne-Ann Igel, Dresden*

Jentzsch, Bernd: geb. 1940 in Plauen, studierte 1960–1965 Germanistik und Kunstgeschichte in Leipzig und Jena, 1965 Umzug nach Berlin, arbeitete als Lektor im Verlag Neues Leben, gab dort u.a. 1967–1976 die Reihe „Poesiealbum" heraus, nach einer Studienreise in die Schweiz war ihm 1976 eine Rückkehr in die DDR verwehrt, da ihm wegen seines Protestes gegen den Ausschluß Reiner Kunzes aus dem Schriftstellerverband und die Ausweisung Biermanns eine Freiheitsstrafe drohte, 1976 bis 1986 lebte er in Küsnacht bei Zürich, danach in der BRD in Iserlohn und Euskirchen, arbeitet als Schriftsteller, Herausgeber und Übersetzer, 1992 Gründungsdirektor des Deutschen Literaturinstituts Leipzig, bis 1999 dessen Direktor, veröffentlichte Gedichtbände und Prosa
Stadt in der ich wohne **/101/** Eine sagenhafte Stadt **/101/** *in: Bernd Jentzsch: Alphabet des Morgens. Gedichte. Mitteldeutscher Verlag. Halle 1961 © Bernd Jentzsch, Euskirchen*

Kästner, Erich: geb. 1899 in Dresden, gest. 1974 in München, 1919 Beginn des Studiums der Germanistik, Geschichte, Philosophie und Theatergeschichte in Leipzig, nach Semestern in Rostock und Berlin kehrte er 1922 nach Leipzig zurück, neben dem Studium Werkstudent und Journalist für das „Leipziger Tageblatt", 1925 Promotion, bis 1927 Redakteur der „Neuen Leipziger Zeitung", danach Theaterkritiker und freier Mitarbeiter verschiedener Zeitungen und Zeitschriften in Berlin, nach 1945 in München tätig für Kabaretts und verschiedene Zeitschriften, verfaßte zahlreiche Romane und Gedichtbände. Das Gedicht „Sachliche Romanze" schrieb er nach der Trennung von seiner Freundin Ilse Julius, deren Beziehung 1926 am Leipziger Hauptbahnhof endete.
Lied des Werkstudenten (1927) **/51/** *in: Die Funk-Stunde. Verlag Funk-Dienst. Berlin, Nr. 13, 22. 3. 1929* – Karneval und Messe **/56/** *in: Neue Leipziger Zeitung, 2. 3. 1924* – Sachliche Romanze **/69/** *in: Erich Kästner: Lärm im Spiegel. Verlag Curt Weller. Leipzig 1929 © Atrium Verlag, Affoltern a.A.*

Kalenter, Ossip (Pseudonym für Johannes Burkhardt): geb. 1900 in Dresden, gest. 1976 in Zürich, studierte Kunstgeschichte und Germanistik in Heidelberg und Leipzig, war zwischen 1921 und 1923 am Leipziger Kabarett „Retorte" und schrieb Chansons und Gedichte, ab 1923 Redakteur des „Leipziger Tageblatts" und dessen Nachfolger, der „Neuen Leipziger Zeitung", 1924–1938 in Italien, später in Prag, von dort floh er 1939 vor den Nationalsozialisten in die Schweiz, verfaßte mehrere Gedichtbände, Reise-

bücher und Erzählungen. In dem Gedicht „Souvenir de ...“ spielt Kalenter auf seine Leipziger Redaktionskollegen an, genannt werden Eugen Ortner, Heinrich Wiegand, Hans Natonek, Hans Peter Schmiedel und Hans Georg Richter.
Souvenir de ... **/55/** *in: Der Drache. Eine ungemütliche sächsische Wochenschrift. Leipzig, Heft 21, 5. 8. 1924*

Karasholi, Adel: geb. 1936 in Damaskus, verließ Syrien 1959 aus politischen Gründen und gelangte 1961 in die DDR, studierte an der Theaterhochschule und am Literaturinstitut Johannes R. Becher in Leipzig, 1969–1993 Lektor an der Leipziger Universität, lebt heute als freier Schriftsteller in Leipzig, seit 1968 veröffentlichte er mehrere Gedichtbände
Wenn Damaskus nicht wäre (1965) **/112/** *in: Adel Karasholi: Umarmung der Meridiane. Mitteldeutscher Verlag. Halle und Leipzig 1987 © Adel Karasholi, Leipzig*

Kippenberg, Anton (Pseudonym Benno Papentrigk): geb. 1874 in Bremen, gest. 1950 in Luzern, Buchhändlerlehre in Bremen und Lausanne, Volontariat beim Kommissionär K. F. Köhler in Leipzig, ab 1896 Mitarbeiter im Leipziger Verlag Engelmann, 1898 Studium der Neueren Germanistik an der Leipziger Universität, 1901 Promotion, ab 1905 Gesellschafter, später Verleger des Insel-Verlages, der Verlag wurde von ihm nach 1945 als Parallelverlag zu dem in Leipzig verbleibenden in Wiesbaden weitergeführt, er selber schrieb u.a. mehrere Bände mit Schüttelreimen
Kopfschüttelreime eines Verlegers **/77/** *in: Benno Papentrigk's Schüttelreime wie er sie seiner Freundschaft auf den Ostertisch zu legen pflegte. Selbstverlag. Leipzig 1935 © Anton von Hesler, Rimsting*

Kleinert, Paul Alfred: geb. 1960 in Leipzig, wuchs u.a. in Leipzig und Halle/Saale auf, Lehre, Physiklaborant und Hilfspfleger, bis 1984 Studium der Theologie und der Keltologie in Berlin (wegen Verweis abgebrochen), 1986 Übersiedlung nach West-Berlin, Fortsetzung des Studiums, Umschulung zum Sozialtherapeuten, lebt und arbeitet heute in Berlin-Kreuzberg, veröffentlichte mehrere Bände mit Lyrik und Prosa sowie in zahlreichen Anthologien und Zeitschriften
Passagen in Leipzig (Sommer 1996) **/189/** *in: Paul Alfred Kleinert: Einträge in's Dasein. Gedichte. Verlag UN ART IG. Aschersleben 1999 © Paul Alfred Kleinert, Berlin*

Klemm, Wilhelm: geb. 1881 in Leipzig, gest. 1968 in Wiesbaden, Medizinstudium in München, Erlangen, Leipzig und Kiel, nach dem Staatsexamen ab 1905 Assistent, u.a. an der chirurgischen Poliklinik in Leipzig, 1909 übernahm er die väterliche Buchhandlung Otto Klemm, Leipzig, und daneben weitere Verlage und Buchhandlungen, nach 1937 politische Verfolgung und Ausschluß aus der Reichsschrifttumskammer, 1943 wurden bei Bombenangriffen alle seine Leipziger Betriebe und Grundstücke zerstört, 1945 von den Amerikanern für den Neuaufbau des Buchhandels im Westen abgeworben, veröffentlichte seit 1915 zahlreiche Gedichtbände
Rast (1921) **/39/** *in: Wilhelm Klemm: Ich lag in fremder Stube. Gesammelte Gedichte. Carl Hanser Verlag. München und Wien 1981 © Donata Klemm, Wiesbaden*

Kling, Thomas: geb. 1957 in Bingen, gest. 2005, studierte philologische Fächer an den Universitäten Köln, Düsseldorf und Wien, veröffentlichte zahlreiche Gedichtbände, Essays, Künstlerbücher und CDs, bekannt wurde Kling auch durch seine öffentlichen Auftritte, Performances und Sprachinstallationen, lebte als Lyriker und Herausgeber auf der ehemaligen Raketenstation Hombroich bei Neuss
Leipzig im Schummer (11. 3. 1990) **/182/** *in: Thomas Kling: brennstabm. Gedichte. Suhrkamp Verlag. Frankfurt am Main 1991 © Suhrkamp Verlag, Frankfurt am Main*

Köhler, Barbara: geb. 1959 in Burgstädt, wuchs im sächsischen Penig auf und besuchte die Oberschule in Plauen, arbeitete nach dem Abitur zunächst als Altenpflegerin und in verschiedenen Funktionen am Theater in Karl-Marx-Stadt (Chemnitz), 1985–1988 studierte sie am Literaturinstitut Johannes R. Becher in Leipzig, danach schrieb sie für verschiedene Zeitungen, lebt heute als Schriftstellerin in Duisburg, bislang erschienen von ihr ein Roman sowie zwei Gedichtbände
Ortung **/168/** *in: Barbara Köhler: Deutsches Roulette. Gedichte. Suhrkamp Verlag. Frankfurt am Main 1991 © Suhrkamp Verlag, Frankfurt am Main*

König, Gerd E.: geb. 1956 in Greiz/Thüringen, Lehre und Arbeit als Zerspaner, 1984–1988 Student des Literaturinstituts Johannes R. Becher in Leipzig, 1990 Rückkehr nach Greiz, arbeitete für verschiedene Verlage u.a. als Herausgeber, gründete 1995 seinen eigenen Verlag für Bücher und Zeitschriften in Greiz
Wartehalle **/170/** *in: Erwägungen. Leipzig, 11/1989 © Gerd E. König, Greiz*

Kolbe, Uwe: geb. 1957 in Ost-Berlin, nach Abitur und Wehrdienst als Bausoldat verschiedene Gelegenheitsarbeiten, veröffentlichte 1976 erste Gedichte, seit 1980 freiberuflicher Schriftsteller, Nachdichter und Übersetzer, 1980–1981 Studium am Literaturinstitut Johannes R. Becher in Leipzig, wegen des 1982 in der Anthologie „Begegnungen 2" erschienenen Gedichts „Kern meines Romans" Publikationsverbot für die nächsten drei Jahre, Arbeit als Übersetzer und Herausgeber der Zeitschrift „Mikado", seit 1985 Reisen in verschiedene Länder Westeuropas und die USA, 1987 Ausreise in die Bundesrepublik, 1997–2004 Leiter des Studios Literatur und Theater der Universität Tübingen, veröffentlichte zahlreiche Lyrik- und Prosabände, lebt in Berlin
Auf ein paar alte Bekannte (1979) **/134/** *in: Uwe Kolbe: Vaterlandkanal. Ein Fahrtenbuch. Suhrkamp Verlag. Frankfurt am Main 1990* – Ode an Leipzig/Ode an die Erinnerung (2004) **/201/** *bislang unveröffentlicht © Uwe Kolbe, Berlin*

Krauß, Angela: geb. 1950 in Chemnitz, studierte an der Fachhochschule für Werbung und Gestaltung in Berlin, 1976–1979 Studentin am Literaturinstitut Johannes R. Becher in Leipzig, Anfang der 80er Jahre erste Prosaveröffentlichung, Vortrags- und Lesereisen u.a. an Universitäten in den USA und Kanada, Gastdozentin für Poesie an der Universität Paderborn, hielt im Sommersemester 2004 die Poetikvorlesungen an der Frankfurter Universität, veröffentlichte zahlreiche Erzählungen und Romane, heute lebt sie als freie Schriftstellerin in Leipzig
Leipzig 1999 **/190/** *in: Angela Krauß: Die Gesamtliebe und die Einzelliebe. Frankfurter Poetikvorlesungen. Suhrkamp Verlag. Frankfurt am Main 2004* – ORTE **/191/** *bislang unveröffentlicht © Angela Krauß, Leipzig*

Kunst, Thomas: geb. 1965 in Stralsund, begann 1986 ein Pädagogikstudium in Leipzig, seit Ende der 80er Jahre arbeitet er in der Deutschen Bücherei Leipzig, veröffentlichte seit 1991 mehrere Gedichtbände und Romane
die demonstration **/161/** *in: Thomas Kunst: die verteilung des lächelns bei gegenwehr. gedichte texte 1986 bis 1988. Connewitzer Verlagsbuchhandlung. Leipzig 1992 © Connewitzer Verlagsbuchhandlung, Leipzig*

Kunze, Reiner: geb. 1933 in Oelsnitz im Erzgebirge, 1951–1955 Studium der Philosophie und Journalistik in Leipzig, bis 1959 Assistent an der Fakultät für Journalistik, verließ nach schweren politischen Angriffen kurz vor der Promotion die Universität, Arbeit als Hilfsschlosser im Schwermaschinenbau, Aufenthalt in der Tschechoslowakei, seit 1962 freiberuflicher Schriftsteller,

kämpfte in der DDR mit dem Publikationsverbot, 1977 Übersiedlung in die BRD nach Oberzell-Erlau bei Passau, veröffentlichte u.a. Lyrik, Prosa, Essays und Übersetzungen
ermutigung nach 200 jahren (1973) **/128/** *in: Reiner Kunze: auf eigene hoffnung. S.Fischer Verlag. Frankfurt am Main 1981*

Leising, Richard: geb. 1934 in Chemnitz, gest. 1997 in Berlin, Studium an der Theaterhochschule Leipzig, danach Lektor, Dramaturg und freischaffender Schriftsteller, seit 1973 am Theater der Freundschaft in Berlin. „Gebrochen Deutsch" war 1991 sein erster Gedichtband, ein weiterer Band mit Gedichten und Prosa erschien erst posthum.
Vom Minimum **/179/** *in: Richard Leising: Gebrochen Deutsch. Gedichte. Langewiesche-Brandt. Ebenhausen bei München 1990*

Majakowski, Wladimir Wladimirowitsch: geb. 1893 in Bagdati bei Kutaissi, Georgien, gest. 1930 in Moskau, der sowjetisch-russische Schriftsteller war 1923 auf seiner zweiten Deutschlandreise auch in Leipzig, zu dem Gedicht merkte der Autor an: *„Die sowjetischen Pelzwaren für die Leipziger Messe langten gerade während des Transportarbeiterstreiks an. Unsere Genossen Kaminski und Kuschner wandten sich an das Streikkomitee, und das Komitee selbst begab sich mit ihnen zur Ausladung von Waggonfrachten sowjetischer Waren. Genossen vom (Moskauer) Zentralen Gewerkschaftsrat vermerkten diesen Akt internationaler Arbeitersolidarität!"* Die genannten Vertreter Kaminski und Kuschner waren die Repräsentanten der Sowjetunion auf der Leipziger Messe und Bekannte Majakowskis.
Solidarität (1923) **/52/** *in: Wladimir Majakowski: Werkausgabe in zehn Bänden. Bd. I/1 Gedichte. Suhrkamp Verlag. Frankfurt am Main 1980*

Mallachow, Lore (geb. Langhammer): geb. 1894 in Leipzig, gest. 1973 ebenda, Ausbildung als Technische Assistentin an der Henriette-Goldschmidt-Schule in Leipzig. Da ihr Ehemann Dr. R. Mallachow keine arische Abstammung nachweisen konnte, wurde er 1934 aus dem Staatsdienst entlassen und die Familie hatte die bezogene Wohnung zu räumen. Das Gedicht „Ein Abschied" bezieht sich auf diesen Einschnitt. Nach 1945 arbeitete sie als Lehrerin für Literatur, übte das Amt der Stadtverordneten aus und war schriftstellerisch als Erzählerin, Lyrikerin und Publizistin in Leipzig tätig.
Weihnachtsoratorium in der Thomaskirche **/78/** Ein Abschied (1934) **/79/** Erkenntnis (1945) **/83/** *in: Lore von Mallachow-Lang-*

hammer: Stirb und werde. Gedichte. Unveröffentlichtes Manuskript. Stadtbibliothek Leipzig © Sigune Mallachow, Leipzig

Materni, Undine (geb. Ehrenpfort): geb. 1963 in Sangerhausen, studierte Chemie, danach verschiedene Tätigkeiten, Studium am Literaturinstitut in Leipzig, lebt heute in Dresden, arbeitet u.a. als Autorin, Publizistin und Lektorin, veröffentlichte in verschiedenen Anthologien. Das Gedicht „valse triste – zehnter juni" schrieb sie über das Straßenmusikfest in Leipzig, das im Sommer 1989 von der DDR-Führung verboten worden war.
valse triste – zehnter juni **/173/** *in: Poesiealbum. Sonderheft Poetenseminar 1989. Verlag Neues Leben. Berlin 1990 © Undine Materni, Dresden*

Maurer, Georg: geb. 1907 in Sächsisch-Regen (Siebenbürgen), gest. 1971 in Potsdam, 1911 Umzug mit seiner Familie nach Bukarest, nach dem Abitur Studium der Germanistik, Philosophie und Kunstgeschichte in Leipzig, ab 1934 Kunstkritiker und Lokalreporter der „Neuen Leipziger Zeitung", 1940 zum Militärdienst eingezogen, 1944 in sowjetischer Kriegsgefangenschaft, nach dem Krieg Rückkehr nach Leipzig, arbeitete als Schriftsteller und Übersetzer sowie Mitarbeiter der „Leipziger Zeitung" (1946–1948), 1955–1970 als Dozent am Literaturinstitut Johannes R. Becher in Leipzig, veröffentlichte zahlreiche Gedichtbände und Essays
Über mich (Auszug, 1958) **/7/** Großstadtfrühling (8. 4. 1950) **/94/** Heute (25. 12. 1965) **/115/** Schönheit (Auszug, 15. 10. 1968 – 13. 3. 1969) **/120/** *in: Georg Maurer. Werke in zwei Bänden. Mitteldeutscher Verlag. Halle und Leipzig 1987 © Eva Maurer, Leipzig*

Mehring, Walter: geb. 1896 in Berlin, gest. 1981 in Zürich, ab 1914 Studium der Kunstgeschichte in Berlin und München, führendes Mitglied der Berliner Avantgarde-Zirkel von Expressionismus und Dadaismus, schrieb Texte für verschiedene Kabaretts, veröffentlichte zahlreiche Bücher und schrieb für Zeitschriften, u.a. für den Leipziger „Drachen", die „Weltbühne" und das „Tagebuch" in Berlin, 1933 Emigration nach Frankreich, 1940 Flucht in die USA, kehrte erst 1953 nach Europa zurück, lebte in der BRD, hauptsächlich aber in der Schweiz.

Der Blaue Affe war Anfang der 20er Jahre der Treffpunkt der Künstlerbohème in Leipzig, die Wände zierten Bayrische Landschaften des Sturm- und Bauhausmalers Georg Schimpf, Graphiken von George Grosz und Fotografien mit Autogrammen diverser Künstler.
Zum Blauen Affen (Souvenir de Leipzig I) **/40/** *in: Der Drache. Eine ungemütliche Leipziger Wochenschrift. Leipzig, Heft 19, 9. 2. 1921 © Jürg L. Steinacher, Walchwil*

Mucke, Dieter: geb. 1936 in Leipzig, 1954–1957 Psychologiestudium an der Leipziger Universität, 1959–1963 studierte er Fotografie und Kamera an der Hochschule für Grafik und Buchkunst in Leipzig und an der Filmhochschule Babelsberg, ab 1965 Student des Literaturinstituts Johannes R. Becher in Leipzig, wurde mehrfach aus politischen Gründen exmatrikuliert und verhaftet, lebt heute als Lyriker, Erzähler und Kinderbuchautor in Halle und Leipzig
Gedicht auf einen kleinen grasbewachsenen Berg am Stadtrand Leipzigs **/129/** *in: Dieter Mucke: Wetterhahn und Nachtigall. Gedichte. Aufbau-Verlag. Berlin und Weimar 1974 © Dieter Mucke, Halle/Saale*

Novak, Helga M.: geb. 1935 in Berlin-Köpenick, Abitur in Berlin, 1954–1957 Studium der Journalistik und Philosophie an der Universität Leipzig, arbeitete dann als Monteurin, Laborantin und Buchhändlerin, 1961 Heirat und Umzug nach Island, 1965 Rückkehr nach Leipzig, Studium am Literaturinstitut Johannes R. Becher, 1966 wegen illegalen Verteilens systemkritischer Gedichte Aberkennung der DDR-Staatsbürgerschaft, 1967 Übersiedlung nach Frankfurt am Main, seit Ende der 80er Jahre lebte sie als Autorin in West-Berlin und in Polen, veröffentlichte Romane, Erzählungen, Gedichte, Kinderbücher und schrieb Hörspiele
Gammler von Leipzig **/117/** *in: Helga M. Novak: solange noch Liebesbriefe eintreffen. Gesammelte Gedichte. Schöffling & Co. Verlagsbuchhandlung. Frankfurt am Main 1997 © Schöffling & Co. Verlagsbuchhandlung. Frankfurt am Main*

Pannach, Gerulf: geb. 1948 in Arnsdorf bei Dresden, gest. 1998 in Berlin, 1955 Umzug der Familie nach Schkeuditz bei Leipzig, 1969 Jurastudium in Halle (abgebrochen), danach Referent für die Singebewegung beim Bezirkskabinett für Kulturarbeit, 1971 Gründung des ‚Chansonklub Leipzig', 1973 Umzug nach Leipzig, schrieb Liedtexte, u.a. für die Gruppe Renft, 1976 Verhaftung, Aufenthalt im Untersuchungsgefängnis des MfS Berlin-Hohenschönhausen, Überführung nach West-Berlin, schrieb weiter Texte, nahm eigene Platten auf und spielte auf Konzerten, zwischendurch Arbeit als Theatertechniker, Straßenkehrer und Schauspieler
Leipziger Messe kein Lobgesang (1971) **/126/** *in: Salli Sallmann (Hg.): Als ich wie ein Vogel war. Gerulf Pannach: Die Texte. Verlag Schwarzkopf & Schwarzkopf. Berlin 1999 © Amrei Pannach, Berlin*

Pech, Kristian: geb. 1946 in Frankenthal (Oberlausitz), Volontariat, 1967–1970 Studium der Journalistik an der Universität Leipzig, später Arbeit in einer Brauerei, dann freischaffend als Schriftsteller, lebt heute in Döbern, veröffentlichte mehrere Gedichtbände und Erzählungen sowie in Anthologien
Exemplarischer Nachmittag mit H. **/124/** *in: Auswahl 70. neue lyrik – neue namen. Verlag Neues Leben. Berlin 1970* – Nachtstück **/146/** Elegie über einen Stadtteil **/147/** *in: Kristian Pech: Die unvollkommene Haut. Gedichte. Hinstorff Verlag. Rostock 1983*
© Kristian Pech, Döbern

Pelny, Marlen: geb. 1981 in Nordhausen, wuchs in Halle/Saale auf und zog 2001 nach Leipzig, gründete 2001 zusammen mit Ulrike A. Sandig und Dorit Horn das Straßenkunstprojekt augen::post, tritt auch als Musikerin auf, neben dem Projekt veröffentlichte sie in verschiedenen Zeitschriften und Anthologien
demonstriert mein herz (2003) **/200/** Kommen Sie von hier? (2004) **/209/** *veröffentlicht im Rahmen des Projekts augen::post*
© Marlen Pelny, Leipzig

Petersdorff, Dirk von: geb. 1966 in Kiel, studierte dort Germanistik und Geschichte, 1995 Promotion, lebt in Saarbrücken und lehrt an der dortigen Universität Germanistik, veröffentlichte mehrere Gedichtbände sowie Gedichte, Essays und Aufsätze in verschiedenen Zeitschriften und Anthologien
Leipziger Wandteppich **/188/** *in: Dirk von Petersdorff: Zeitlösung. S.Fischer Verlag. Frankfurt am Main 1995 © S.Fischer Verlag, Frankfurt am Main*

Petersen, Julius: geb. 1878 in Straßburg, gest. 1941 in Murnau, nach dem Abitur am Leipziger Nikolaigymnasium studierte er in Lausanne, München, Leipzig und Berlin, 1903 Promotion, 1909 Habilitation, 1911 außerordentlicher Professor für Neuere Deutsche Literaturgeschichte in München, bevor er 1920 einem Ruf an die Berliner Universität nachkam, wirkte er, unterbrochen durch seine Teilnahme am ersten Weltkrieg, an verschiedenen Universitäten, in seinem Beruf als Literarhistoriker verstrickte er sich zuletzt in die Theorien der Nationalsozialisten
Momentphotographie **/18/** *in: Leipziger Kalender. Hrsg. v. Georg Merseburger. Leipzig 1906*

Pinthus, Kurt: geb. 1886 in Erfurt, gest. 1975 in Marbach am Neckar, studierte Literaturgeschichte, Philosophie und Geschichte an den Universitäten in Freiburg im Breisgau, Berlin, Genf und Leipzig, wo er 1910 mit der Promotion abschloß, arbeitete dort als Schriftsteller und Kritiker, ab 1912 Lektor im Kurt Wolff Verlag in Leipzig, in dieser Zeit befreundet mit Walter Hasenclever und Franz Werfel, nach 1918 zog er nach Berlin, arbeitete als Dramaturg und schrieb für zahlreiche Zeitungen und Zeitschriften, 1937 Emigration in die USA, 1947–1960 Theaterwissenschaftler an der Columbia University und Mitarbeiter verschiedener Zeitungen, 1967 Rückkehr nach Deutschland, wirkte als Herausgeber zahlreicher Werke und Anthologien
An meine Freunde **/22/** *in: Kurt Pinthus (Hg.): Neuer Leipziger Parnass. Leipzig 1912 © Deutsche Schillergesellschaft, Marbach am Neckar*

Polter, Peter (Pseudonym, eigentlich Peter Paul Polte): geb. 1905 in Dortmund, gest. 1985, in den 20er und 30er Jahren Journalist verschiedener Zeitschriften, u.a. des „Drachen" und des „Simplicissimus", engagierte sich für den Bund proletarisch-revolutionärer Schriftsteller und für das politische Kabarett, von den Nationalsozialisten wurde er verhaftet und im folgenden mit Schreibverbot belegt, nach dem Krieg war er Mitglied der Dortmunder Gruppe 61
Petersstraße **/64/** *in: Der Drache. Eine ungemütliche sächsische Wochenschrift. Leipzig, Heft 21, 5. 8. 1924*

Preiwuß, Kerstin: geb. 1980 in Lübz, aufgewachsen in Rostock, studiert an der Universität Leipzig Philosophie, Germanistik und Psychologie, veröffentlichte bereits in verschiedenen Anthologien und Zeitschriften
messen (2004) **/198/** *bislang unveröffentlicht © Kerstin Preiwuß, Leipzig*

Rauchfuss, Hildegard Maria: geb. 1918 in Breslau (Wróclaw), gest. 2000 in Leipzig, nach dem Besuch des Lyzeums Aufnahme eines Gesangstudiums, während des Krieges Arbeit als Bankangestellte, 1945 Flucht aus Breslau, seit 1947 in Leipzig, zunächst tätig als Buchhalterin, seit 1949 freischaffende Schriftstellerin, schrieb Chansons und veröffentlichte zahlreiche Romane, Erzählungen, Gedichtbände und Hörspiele. Ihr Gedicht „Am Fenster", das sie auf der Flucht schrieb, wurde als Liedtext der Gruppe City 1977 zum größten Hit der DDR-Rockgeschichte.
Am Fenster (1945) **/87/** *in: Hildegard Maria Rauchfuss: So anders fällt das Licht. Gedichte. Mitteldeutscher Verlag. Halle 1959* – Kleine Liebe zu einer großen Stadt (1964) **/106/** *in: Hildegard*

Maria Rauchfuss: Versuch es mit der kleinen Liebe. Henschel Verlag. Berlin 1970 © Sächsischer Fiskus, vertreten durch den Staatsbetrieb Sächsische Immobilien, Leipzig

Reimann, Andreas: geb. 1946 in Leipzig, Sohn von Peter Reimann, Schriftsetzerlehre, 1965/66 Student am Literaturinstitut Johannes R. Becher in Leipzig, 1966 erfolgte die Exmatrikulation wegen Ablehnung der Kulturpolitik der SED, 1968–1970 wegen Protestes gegen die Okkupation der CSSR inhaftiert, u.a. im Untersuchungsgefängnis in der Leipziger Beethovenstraße, danach in verschiedenen Berufen tätig, trat mit Chansons und Gedichten in Leipzig auf, erste Gedichtbände erschienen 1975 und 1976, dann folgten keine weiteren Veröffentlichungen bis 1989, in dieser Zeit entstanden Nachdichtungen und Essays sowie zahlreiche Chansontexte für verschiedene Interpreten, schrieb nach 1989 Kolumnen und Kommentare für Zeitungen und Zeitschriften, lebt heute als freier Schriftsteller in Leipzig, veröffentlichte u.a. mehrere Gedichtbände
Beethovenstraße zwei a **/125/** *in: Andreas Reimann: Das Sonettarium. 1975 bis 1995. Connewitzer Verlagsbuchhandlung. Leipzig 1995* – Beispiel untypischen Lebens **/150/** *in: Angelika Klüssendorf, Wiebke Müller u. Karim Saab (Hg.): Anschlag. Leipzig, Nr. 3, 1985* – Brief aus Leipzig (2004) **/207/** *bislang unveröffentlicht © Andreas Reimann, Leipzig*

Reimann, Hans: geb. 1889 in Leipzig, gest. 1969 in Schmalenbeck bei Hamburg, Vater von Peter Reimann, 1907 Beginn einer Ausbildung zum Grafiker, Studien zur Deutschen Philologie und Kunstgeschichte in München, 1917 Rückkehr nach Leipzig, ab 1919 Herausgeber und Autor der satirischen Leipziger Wochenzeitschrift „Der Drache“, 1921 Gründung des Kabaretts „Retorte“ in Leipzig, 1923 Umzug nach Frankfurt am Main, lebte seit 1951 in Schmalenbeck bei Hamburg, neben seiner Tätigkeit als Herausgeber und Kabarettist schrieb er u.a. Drehbücher und veröffentlichte zahlreiche Bücher mit Gedichten und Prosa
Weekend **/66/** *in: Das Stachelschwein. Hrsg. v. Hans Reimann. Berlin, Juni 1927 © Wilma Reimann, Hamburg*

Reimann, Peter: geb. 1919 in Leipzig, verstarb 1955 in Berlin unter bislang ungeklärten Umständen, Sohn von Hans Reimann, Vater von Andreas Reimann, lebte 1923–1935 mit seiner Mutter und seinem Bruder in Malcesine am Gardasee, dann Besuch der Kunstgewerbeschule, wechselte 1938 an die Kunstakademie in Leipzig, 1940 Einberufung zur Wehrmacht, nach dem Krieg Gründung des Werbeateliers „Duo“ in Leipzig, Pressezeichner und redaktioneller Mitarbeiter, u.a. bei der „Leipziger Zeitung“ und der

„Täglichen Rundschau", weiter Textautor und Darsteller beim Kabarett „Rampe", zwischenzeitlich auch Lehrer an Schulen in Leipzig und Markkleeberg, 1953 Umzug nach West-Berlin, er arbeitet dort als Grafiker und Karikaturist

Jens im Krieg (1944) **/82/** *in: März. Eine literarische Monatsschrift. Volk und Buch Verlag. Leipzig, 4/1948 © Andreas Reimann, Leipzig*

Richter, Helmut: geb. 1933 in Freudenthal (Bruntál, CSSR), kam als Elfjähriger nach Sachsen und lebte seit 1950 in Leipzig, Lehre als Maschinenschlosser, nach dem Abitur an der Arbeiter- und Bauernfakultät studierte er Physik und arbeitete als Prüfingenieur in Leipzig, 1961–1964 Student am Literaturinstitut Johannes R. Becher, danach als freier Schriftsteller tätig, 1970–1973 Leiter des Schöpferischen Seminars Lyrik am Literaturinstitut, seit 1982 Leiter des Seminars Prosa, 1989 zum Professor für Prosa berufen, von 1990 bis 1992 Direktor des Literaturinstituts in Leipzig, von ihm erschienen u.a. Romane, Erzählungen, Gedichte und Hörspiele, 1982 gründete er die Zeitschrift „Leipziger Blätter", die er bis 1989 betreute

In der Deutschen Bücherei **/116/** *in: Helmut Richter: Land fährt vorbei. Mitteldeutscher Verlag. Halle 1967 © Helmut Richter, Leipzig*

Ringelnatz, Joachim (Pseudonym für Hans Bötticher): geb. 1883 in Wurzen, gest. 1934 in Berlin, Sohn von Georg Bötticher, 1886 Umzug der Familie nach Leipzig in ein Haus in der Nähe der Elster, nach dem Abschluß seiner Schulzeit fuhr er ab 1901 als Schiffsjunge zur See, arbeitete danach in verschiedenen Berufen an wechselnden Orten, trat dann in der Münchner Künstlerkneipe „Simplicissimus" häufig mit eigenen Gedichten auf, im ersten Weltkrieg bei der Kriegsmarine an der Nordsee stationiert, danach viele Reisen als Vortragskünstler, ab 1930 wohnhaft in Berlin, nach 1933 mit Auftrittsverbot belegt. Das Gedicht über die Fliege schrieb er in den ersten Novembertagen 1927, als er mit seinem Programm in der Messestadt gastierte. An seine Frau schrieb er: „Die Leipziger Fliege spricht vielleicht meine Stimmung etwas aus. (...) Dieses Leipzig ist eine schauerliche Stadt." Ringelnatz veröffentlichte zahlreiche Gedichtbände sowie Romane und Kinderbücher.

Leipzig (1922) **/50/** Die Leipziger Fliege (1928) **/70/** An der Alten Elster (1929) **/71/** *in: Joachim Ringelnatz: Sämtliche Gedichte. Diogenes Verlag. Zürich 1997*

Rusch, Heinz: geb. 1908 in Dessau, gest. 1965 in Wernigerode (Harz), Studium der Germanistik in Halle und Leipzig, danach Theater-, Film- und Literaturkritiker in Leipzig, 1946–1951 Leiter der literarischen Abteilung beim Mitteldeutschen Rundfunk, später Chefredakteur des „Kulturspiegels der Messestadt“ und freier Schriftsteller in Leipzig, veröffentlichte mehrere Gedichtbände
Der Spielplatz **/95/** Auf den jungen Bauplätzen **/96/** *in: Heinz Rusch: Alle Quellen fließen wieder. Mitteldeutscher Verlag. Halle 1952*

Sandig, Ulrike A.: geb. 1979 in Großenhain in Sachsen, wuchs in Riesa auf, seit 1998 Studium der Religionswissenschaft und Indologie an der Universität Leipzig, gründete 2001 zusammen mit Marlen Pelny und Dorit Horn das Straßenkunstprojekt augen::post, seit Herbst 2004 Studentin am Deutschen Literaturinstitut Leipzig, veröffentlichte bereits in mehreren Zeitschriften und Anthologien sowie bei der augen::post
Territorium (2003) **/199/** *veröffentlicht im Rahmen des Projekts augen::post © Ulrike A. Sandig, Leipzig*

Schenkel, Elmar: geb. 1953 bei Soest in Westfalen, studierte Philosophie, Kunstgeschichte und Sinologie in Marburg und Romanistik, Anglistik und Japanologie in Freiburg, lehrte als Professor an den Universitäten in Freiburg, Konstanz und Tübingen sowie an der University of Massachusetts, Amherst, lebt seit 1993 als Professor für Anglistik und als Schriftsteller und Übersetzer in Leipzig, veröffentlichte bislang zwei Gedichtbände sowie Erzählungen, Reiseberichte und Übersetzungen. „Wolkenzeit II“ spielt auf den Leipziger Gelehrten Gustav Theodor Fechner (1801–1887) an, den Mitbegründer der experimentellen Psychologie und der Psychophysik.
Wolkenzeit II: Fechner geht durch die Stadt (2004) **/204/** *bislang unveröffentlicht © Elmar Schenkel, Leipzig*

Scher, Peter (eigentlich Hermann Fritz Schweynert, Pseudonym Emanuel): geb. 1884 in Großkamsdorf in Thüringen, gest. 1953 in Wasserburg/Inn, war in verschiedenen Berufen, u.a. auch als Schauspieler, tätig, 1903 in der Redaktion der Berliner Zeitung „Zeit am Montag“, 1912 Umzug nach Daubitz, Mitarbeiter verschiedener Zeitschriften, 1914–1916 und 1919–1930 Redakteur beim „Simplicissimus“ in München, arbeitete als Feuilletonist, Herausgeber und Übersetzer
Under anderm ooch … **/35/** *in: Simplicissimus. München, Nr. 40, 3. 3. 1920*

Schieke, Jörg: geb. 1965 in Rostock, studierte 1995–1998 am Deutschen Literaturinstitut Leipzig, arbeitete bis 2003 als Lektor im Gustav Kiepenheuer Verlag, seit 2004 freier Journalist und Autor in Leipzig, veröffentlichte zwei Gedichtbände sowie in Zeitschriften und Anthologien
Das Leichte wird schwerer (2003) **/197/** *bislang unveröffentlicht © Jörg Schieke, Leipzig*

Schneider, Dieter: geb. 1937 in Berlin, seit 1955 erfolgreicher Texter für verschiedene Liedinterpreten und Gruppen. Über 3000 Texte stammen aus seiner Feder, u.a. die Hits „Vom Nordpol zum Südpol" und „Da war Gold in Deinen Augen" von Frank Schöbel. „Heute tanzen alle Leute" war eine Auftragsarbeit, um für den „Lipsi" zu werben. Der Tanz wurde als Gegenstück zum Twist von der DDR-Regierung in den fünfziger Jahren in Auftrag gegeben. Den Rhythmus komponierte René Dubianski, die dazu passenden Tanzschritte stammten aus der Leipziger Tanzschule von Christa und Helmut Seifert. Der Modetanz im 6/4-Takt konnte sich jedoch nicht durchsetzen. Klaus Hugo schrieb die Musik zu Schneiders Vorlage, interpretiert wurde der Lipsi u.a. von Helga Brauer und den Flamingos zusammen mit dem Leipziger Tanzorchester des Senders Leipzig, er erschien als Single beim Amiga-Label.
Heute tanzen alle jungen Leute (1959) **/97/** *© Lied der Zeit GmbH, Hamburg*

Schneider, Ray: geb. 1963 in Leipzig, wuchs in Leipzig auf, Lehre als Maschinenbauer, arbeitete dann in einer Maschinenfabrik, veröffentlichte daneben Comics in Leipziger Fanzines und gab 1999 das Buch „Haare auf Krawall" über Jugendsubkultur in den 80ern mit heraus, arbeitet seit 1990 am Leipziger Schauspielhaus. „Leipzig in Trümmern" entstand 1981 als Songtext für die Gruppe Wutanfall, eine der ersten Punkbands in Leipzig, später wurde es auch von anderen Bands, u.a. von L'Attentat, gecovert.
Leipzig in Trümmern (1981) **/139/** *in: R. Schneider u. C. Remath: Haare auf Krawall. Jugendsubkultur in Leipzig 1980 bis 1991. Connewitzer Verlagsbuchhandlung. Leipzig 1999 © Ray Schneider, Leipzig*

Schwachhofer, René: geb. 1904 in Stuttgart, gest. 1970 in Falkensee bei Berlin, verbrachte seine Kindheit und Jugend in Leipzig, Lehre als Wollhändler, Arbeit als Bankangestellter, dann Studium der Germanistik und Philosophie an der Leipziger Universität, bis 1933 als Journalist tätig, 1939–1945 als Transportarbeiter und später als Soldat zwangsverpflichtet, nach 1945 zunächst tätig als Lehrer, dann als Referent für Literatur am Sender

Leipzig und als Dozent für Literatur an der Volkshochschule, lebte später als freier Schriftsteller in Falkensee, veröffentlichte zahlreiche Gedichtbände

Meine Stadt (1936) **/81/** Späte Heimkehr **/121/** *in: René Schwachhofer: Blick aus drei Fenstern. Gedichte. Verlag der Nation. Berlin 1969*

Schwimmer, (Robert Richard) Max: geb. 1895 in Leipzig-Lindenau, gest. 1960 in Leipzig, 1910–1915 Ausbildung am Lehrerseminar Leipzig-Connewitz, 1916–1919 Hilfslehrer und Vikar in Marienberg, daneben Beschäftigung mit Kunst, 1920–1923 Student der Philosophie und Kunstgeschichte an der Leipziger Universität, veröffentlichte als Illustrator und Autor u.a. in Hans Reimanns Zeitschrift „Der Drache", in den folgenden Jahren Arbeit als Pressezeichner und Zeichenlehrer, u.a. an der Kunstgewerbeschule in Leipzig, daneben Ausstellungen mit Malerei und Grafik und Aufträge als Buchillustrator, nach dem Krieg Prorektor und Leiter der Abteilung Grafik an der Staatlichen Akademie für Graphische Künste und Buchgewerbe in Leipzig, 1947 auch Leiter der Leipziger Kunstgewerbeschule, gab 1951 diese Ämter auf und wechselte als Leiter der Abteilung Grafik an die Hochschule für Bildende Künste in Dresden. Emil Szyttia, der in „Satin" genannt wird, war das Pseudonym des Leipziger Schriftstellers und Kabarettisten Adolf Schenk.

Herbststimmung (datiert: Nebelung 1916) **/30/** *in: Beilage zum Erzgebirgischen Nachrichten- und Anzeigenblatt. Marienberg, Nr. 247, 22. 10. 1916* – Satin **/38/** *in: Der Drache. Eine ungemütliche Leipziger Wochenschrift. Leipzig, Heft 2, 13. 10. 1920*

Sievers, Rolf A. (Pseudonym Alba Tross): geb. 1902, gest. 1949, Kritiker und Kabarettautor, schrieb u.a. für die Leipziger Bühnen „Retorte", „Bauch" und „Litfaßsäule", nach 1945 Redakteur der „Leipziger Zeitung"

Höchste Inschrift **/88/** *in: Leipziger Zeitung, 5. 9. 1946* – Aus dem Messe-Musenalmanach 1947 **/89/** *in: Leipziger Zeitung, 7. 3. 1947*

Steindorff, Ulrich: geb. 1888 in Berlin, gest. 1978 in Sherman Oaks (Kalifornien), studierte einige Semester Rechtswissenschaft und Nationalökonomie in Leipzig, danach freier Schriftsteller, nach seiner Heirat 1909 lebte er mit seiner Frau in Italien, dann in Leipzig-Gohlis, 1933 Emigration in die USA, sein erster Gedichtband erschien 1910, es folgten weitere sowie Dramen und Übersetzungen aus dem Französischen und Englischen

Unter dem Mond **/24/** *in: Kurt Pinthus (Hg.): Neuer Leipziger Parnass. Leipzig 1912*

Voigt, Lene (geb. Wagner): geb. 1891 in Leipzig, gest. 1962 in Leipzig-Dösen, arbeitete als Kindergärtnerin, später als Verlagskontoristin, seit 1920 Mitarbeiterin der satirischen Wochenzeitschrift „Der Drache", schrieb auch für „Der gemütliche/lustige Sachse", die „Neue Leipziger Zeitung" und das „Sächsische Volksblatt" und veröffentlichte Gedichte und Texte in Anthologien, lebte seit 1929 in verschiedenen deutschen Städten, 1940 Rückkehr nach Leipzig, arbeitete dann als Verlagsfakturistin und Angestellte beim Rat des Kreises Leipzig-Land, später als Buchhalterin in der Psychiatrie Leipzig-Dösen, in der Klinik hielt sich Lene Voigt als Patientin ab 1946 mit nur wenigen Unterbrechungen auf und verstarb hier 1962, von ihr erschienen mehrere Bände mit Gedichten und Prosa, zumeist in sächsischer Mundart
Leipzchr Bargarohle (Fassung aus: Der Drache 14/1924) **/54/**
Leipziger Nachtbild **/68/** *in: Lene Voigt: Mir Sachsen. Werke Bd. 1. Hrsg. v. Gabriele Trillhaase, Monica und Wolfgang U. Schütte. Connewitzer Verlagsbuchhandlung. Leipzig 2004 © Erben des A. Bergmann Verlages, München* – Lunabargg-Idyll **/65/** *in: Lene Voigt: Bargarohle, Bärchschaft un sächs'sches Ginsdlrblud. Hrsg. v. Wolfgang U. Schütte. Zentralhaus-Publikation. Leipzig 1983* – Uffn Haubdbahnhof **/65/** Mei Leibzch, de scheene Lindenschtadt (1935) **/80/** *in: Lene Voigt: Nu grade! Hrsg. v. Wolfgang U. Schütte. Connewitzer Verlagsbuchhandlung, Leipzig 1995 © Wolfgang Voigt, Lene-Voigt-Gesellschaft e.V., Connewitzer Verlagsbuchhandlung, Leipzig*

Weinert, Erich: geb. 1890 in Magdeburg, gest. 1953 in Berlin (Ost), Lehre in einer Maschinenfabrik, 1905–1908 Student in Magdeburg und Berlin, 1912 Staatsexamen als akademischer Zeichenlehrer, 1913 Einberufung zum Militärdienst, verfaßte seit 1921 satirische Zeitgedichte, mit denen er in linksbürgerlichen Kabaretts wie der Leipziger „Retorte" und dem Berliner Künstlercafé „Kü-Ka" auftrat, 1924 Anschluß an die KPD und Auftritte vor allem vor Arbeiterpublikum, ging 1933 ins Exil in die Schweiz, nach Frankreich und dann in die UdSSR, 1936 Teilnahme am spanischen Freiheitskampf, 1943 Mitbegründer des ‚Nationalkomitees Freies Deutschland', 1946 Rückkehr nach Deutschland, übernahm in Berlin (Ost) das Amt des Vizepräsidenten der Zentralverwaltung für Volkswesen, veröffentlichte Lyrik und Erzählungen und gab verschiedene Anthologien heraus
Neuer Leipziger Fremdenführer (undatiertes Blatt, das vermutlich im Kabarett Retorte (1921–1923) verkauft wurde) **/42/** *in: Wolfgang U. Schütte: Frau Republik wird auf der Flucht erschossen. Leipziger Brettl zwischen 1921 und 1933. Forum Verlag. Leipzig 2001 © Marianne Lange-Weinert, Kleinmachnow*

Werfel, Franz: geb. 1890 in Prag, gest. 1945 in Beverly Hills (Kalifornien), kam im Oktober 1912 nach Leipzig und arbeitete dort bis 1914 als Lyriker und Lektor des Kurt Wolff Verlages, wohnte zur Untermiete bei Frau Seyfert in der Haydnstraße und zog später in eine große Wohnung in derselben Straße zusammen mit Willy Haas, Walter Hasenclever und Kurt Pinthus, sein zweiter Gedichtband „Wir sind" entstand zwischen 1912 und dem Frühjahr 1913 in seiner Leipziger Zeit, 1915–1917 als österreichischer Soldat im ersten Weltkrieg, danach viel auf Reisen, 1938, nach dem Einrücken von Hitlers Truppen in Österreich, Flucht nach Frankreich, von dort über Spanien und Portugal 1940 in die USA, schrieb zahlreiche Gedichtbände und Romane
Die Mondstunde **/25/** Die Damenkapelle **/26/** *in: Franz Werfel. Das lyrische Werk. Hrsg. v. Adolf D. Klarmann. S. Fischer Verlag. Frankfurt am Main 1967 © S.Fischer Verlag, Frankfurt am Main*

Werner, Walter: geb. 1922 in Vachdorf im Thüringer Wald, gest. 1995 in Untermaßfeld, Malerlehre, ab 1942 Soldat, dann in amerikanischer Kriegsgefangenschaft, nach dem Krieg Volkskorrespondent und Funktionär des Kulturbundes sowie bei der gegenseitigen Bauernhilfe, 1952 erste Gedichtveröffentlichungen, 1956–1959 Student am Literaturinstitut Johannes R. Becher in Leipzig, lebte und arbeitete danach als Schriftsteller in Untermaßfeld in Thüringen, veröffentlichte zahlreiche Gedichtbände
Die Stadt **/98/** Am Hauptbahnhof **/100/** *in: Walter Werner: Bewegte Landschaft. Gedichte. Mitteldeutscher Verlag. Halle 1959*

Zobeltitz, (Karl Maria) Fedor von: geb. 1857 im Schloß Spiegelberg in Neumark, gest. 1934 in Berlin, nach dem Besuch einer Kadettenschule, Militärdienst und der Tätigkeit auf dem väterlichen Gut zog er nach Berlin und war hier als Schriftsteller und Sammler tätig, gründete 1897 die „Zeitschrift für Bücherfreunde" und 1899 die Gesellschaft der Bibliophilen in Leipzig, deren Präsident er 35 Jahre bis zu seinem Tod blieb, gilt als Begründer und Organisator der Bibliophilie in Deutschland
Ein Kommerslied für den Leipziger Bibliophilen-Abend **/72/** *in: Die Leipziger Neunundneunzig. Zum 25jährigen Bestehen des Leipziger Bibliophilenabends. Leipzig 1929*

Die Textgestalt der Gedichte entspricht derjenigen in den angegebenen Quellen.

VERZEICHNIS DER GEDICHTE

Kommen Sie von hier?/1989–2004

im wunderschönen monat januar
kam ich sogar bis Lipsia!
guter vers – wie?
ich wünsch euch was gutes!

h.c. Artmann im 91er jahr